Coleção Espírito Crítico

UM MESTRE
NA PERIFERIA DO
CAPITALISMO

Coleção Espírito Crítico

Conselho editorial:
Alfredo Bosi
Antonio Candido
Augusto Massi
Davi Arrigucci Jr.
Flora Süssekind
Gilda de Mello e Souza
Roberto Schwarz

Roberto Schwarz

UM MESTRE NA PERIFERIA DO CAPITALISMO
Machado de Assis

Livraria
Duas Cidades

editora 34

Editora 34 Ltda.
Rua Hungria, 592 Jardim Europa CEP 01455-000
São Paulo - SP Brasil Tel/Fax (11) 3816-6777 www.editora34.com.br

Copyright © Editora 34 Ltda., 2000
Um mestre na periferia do capitalismo © Roberto Schwarz, 1990

A fotocópia de qualquer folha deste livro é ilegal e configura uma apropriação indevida dos direitos intelectuais e patrimoniais do autor.

Edição conforme o Acordo Ortográfico da Língua Portuguesa.

Capa, projeto gráfico e editoração eletrônica:
Bracher & Malta Produção Gráfica

Revisão:
*Mara Valles, Iracema Alves Lazari,
Cide Piquet, Alexandre Barbosa de Souza*

1ª Edição - 2000 (3 Reimpressões),
2ª Edição - 2012 (1ª Reimpressão - 2020)

Catalogação na Fonte do Departamento Nacional do Livro
(Fundação Biblioteca Nacional, RJ, Brasil)

Schwarz, Roberto, 1938
S411m   Um mestre na periferia do capitalismo: Machado de Assis / Roberto Schwarz. — São Paulo: Duas Cidades; Editora 34, 2012 (2ª Edição).
256 p. (Coleção Espírito Crítico)

ISBN 978-85-7326-177-6

1. Machado de Assis, Joaquim Maria, 1839-1908 - Crítica e interpretação. I. Título. II. Série.

CDD - B869.3

Índice

Prefácio 9

I. Uma desfaçatez de classe
   1. Observações iniciais 17
   2. Um princípio formal 29
   3. A matriz prática 35
   4. Implicações da prosa 49
   5. Feição social do narrador e da intriga 63
   6. A sorte dos pobres 85
   7. Ricos entre si 115
   8. O papel das ideias 151
   9. Questões de forma 171

II. Acumulação literária e nação periférica 219

Índice onomástico 245
Sobre o autor 249

a Gr.

Prefácio

Em que consiste a força do romance machadiano da grande fase? Há relação entre a originalidade de sua forma e as situações particulares à sociedade brasileira no século XIX? Que pensar do imenso desnível entre as *Memórias póstumas de Brás Cubas* e a nossa ficção anterior, incluídas aí as obras iniciais do mesmo Machado de Assis? Ou por outra, quais as mudanças que permitiram levantar ao primeiro plano da literatura contemporânea um universo cultural provinciano, desprovido de credibilidade, tangivelmente de segunda mão? Estas as perguntas a que procurei responder no presente volume.

Numa fórmula célebre, que lhe serviria de programa de trabalho, Machado afirmava que o escritor pode ser "homem do seu tempo e do seu país, ainda quando trate de assuntos remotos no tempo e no espaço". O crítico buscava assegurar aos brasileiros o direito à universalidade das matérias, por oposição ao ponto de vista "que só reconhece espírito nacional nas obras que tratam de assunto local". Pode-se dizer também que reivindicava o melhor do legado romântico — o sentimento da historicidade — contra a aliança em voga de pitoresco e patriotismo, que naquela altura já se revelava uma prisão para a inteligência. Isso posto, o brasileirismo que Machado tinha em mente e iria realizar na sua obra da segunda fase, um brasileirismo "interior, diverso e melhor do que se fora apenas superficial", não é fácil de trocar em miúdos.[1]

A sua existência não passou despercebida dos contemporâneos, como comprova uma lembrança de José Veríssimo, publicada no trigésimo dia da morte do romancista: "Depois da leitura de *Brás Cubas* comecei a entender que se podia ser um grande escritor brasileiro, sem falar de índios, de caipiras ou da roça".[2] Entretanto, se não quisermos navegar no inefável, como explicar esta brasilidade que prescinde de marcas externas? Para solucionar a questão, Veríssimo diria que sendo o único universal, Machado era também o mais nacional entre os nossos autores. A ideia foi muito retomada, até se transformar num destes lugares-comuns que, sem prejuízo do acerto, mais bloqueiam do que ajudam a reflexão.

Não obstante, iremos insistir. O escritor imbuído de seu tempo e país ainda quando trate de assuntos longínquos é uma figura programática. Ela tem interesse especial para o leitor das *Memórias póstumas*, onde está realizada — embora irreconhecível. De fato, veremos a que ponto não há nada, no passado, no futuro, no além ou na Turquia, de que o narrador das *Memórias* não se anime a falar, e sempre como um brasileiro de sua época. Essa extensão das matérias versadas se constata sem dificuldade. Já o viés nacional no modo de lidar com elas é menos óbvio e requer caracterização. Por um lado, sendo algo constante, e considerada a relativa indiferença aos conteúdos, ele tem de ser des-

---

[1] Machado de Assis, "Notícia da atual literatura brasileira: instinto de nacionalidade" (1873), *in Obra completa* [*OC*], vol. III, Rio de Janeiro, Aguilar, 1959, p. 817.

[2] Citado em Raimundo Magalhães Júnior, *Vida e obra de Machado de Assis*, vol. IV, Rio de Janeiro, Civilização Brasileira, 1981, p. 376.

crito como uma forma. Por outro, a descrição não se pode esgotar no plano dela mesma, à maneira dos estudos formalistas. Isto porque o mencionado modo de lidar presume trazer em si as pautas da realidade nacional, sem cuja identificação e análise pela crítica o essencial do esforço ficaria na sombra. Adiante indicaremos que a fórmula narrativa de Machado consiste em certa alternância sistemática de perspectivas, em que está apurado um jogo de pontos de vista produzido pelo funcionamento mesmo da sociedade brasileira. O dispositivo literário capta e dramatiza a estrutura do país, transformada em regra da escrita. E com efeito, a prosa narrativa machadiana é das raríssimas que pelo seu mero movimento constituem um espetáculo histórico-social complexo, do mais alto interesse, importando pouco o assunto de primeiro plano. Neste aspecto caberiam comparações com a prosa de Chateaubriand, Henry James, Marcel Proust ou Thomas Mann.

Dito isto, há dissonância aguda entre a elevação de propósitos — algo incômoda — do ensaio sobre o "Instinto de nacionalidade" e o clima desabusado que dá nervo às *Memórias póstumas*. Ao transpor para o estilo as relações sociais que observava, ou seja, ao interiorizar o país e o tempo, Machado compunha uma expressão da sociedade real, sociedade horrendamente dividida, em situação muito particular, em parte inconfessável, nos antípodas da pátria romântica. O "homem do seu tempo e do seu país" deixava de ser um ideal e fazia figura de *problema*.

A propósito das dificuldades próprias à leitura de Baudelaire, Walter Benjamin observa que se trata de uma poesia que absolutamente não envelheceu. Não porque fosse jovem, mas porque as circunstâncias que ela cala e frente às quais compôs a sua voz e personagem continuam de pé, fazendo que *As flores do mal* não sejam menos virulentas e difíceis hoje que no seu momento de origem. Havia passado quase um século — as notas de Benjamin são de 1938 — e não se estabelecera o sossego da distância histórica.³ Espero convencer o leitor de que algo semelhante vale para Machado de Assis. A ousadia de sua forma literária, onde lucidez social, insolência e despistamento vão de par, define-se nos termos drásticos da dominação de classe no Brasil: por estratagema artístico, o Autor adota a respeito uma posição insustentável, *que entretanto é de aceitação comum*. Ora, a despeito de toda a mudança havida, uma parte substancial daqueles termos de dominação permanece em vigor cento e dez anos depois, com o sentimento de normalidade correlato, o que talvez explique a obnubilação coletiva dos leitores, que o romance machadiano, mais atual e oblíquo do que nunca, continua a derrotar.

A metade inicial deste estudo foi publicada separadamente, em 1977, com título *Ao vencedor as batatas*. Embora um livro seja continuação do outro, tratei de os escrever de modo a lhes dar independência. Ainda assim, se não é pedir demais, estou seguro de que ambos ganham em ser lidos juntos.

A possível correspondência entre o estilo machadiano e as particularidades da sociedade brasileira, escravista e burguesa ao mesmo tempo, me ocorreu pouco antes de 1964. A ideia traz as preocupações dialéticas daquele período, às quais se acrescentou

---

³ Walter Benjamin, *Charles Baudelaire, ein Lyriker im Zeitalter des Hochkapitalismus, in Gesammelte Schriften*, vol. I-2, Frankfurt/M., Suhrkamp, 1974, p. 672 (trad. brasileira de José Carlos Martins Barbosa e Hemerson Alves Baptista, *Charles Baudelaire: um lírico no auge do capitalismo*, São Paulo, Brasiliense, 1989) e *Das Passagen-Werk, in Gesammelte Schriften*, vol. V-1, Frankfurt/M., Suhrkamp, 1982, p. 425. Para uma excelente discussão do tema, Dolf Oehler, *Ein Höllensturz der Alten Welt*, Frankfurt/M., Suhrkamp, 1988 (trad. brasileira de José Marcos Mariani de Macedo, *O Velho Mundo desce aos infernos*, São Paulo, Companhia das Letras, 1989).

Prefácio

o contravapor do período seguinte. No que diz respeito à interpretação social, o raciocínio depende de argumentos desenvolvidos na Universidade de São Paulo pela geração de meus professores, em especial um grupo que se reunia para estudar *O capital* com vistas à compreensão do Brasil. O grupo chegara à audaciosa conclusão de que as marcas clássicas do atraso brasileiro não deviam ser consideradas como arcaísmo residual, e sim como parte integrante da reprodução da sociedade moderna, ou seja, como indicativo de uma forma perversa de progresso. Para o historiador da cultura e o crítico de arte em países como o nosso, antiga colônia, a tese tem potencial de estímulo e desprovincianização notáveis, pois permite inscrever na atualidade internacional, em forma polêmica, muito daquilo que parecia nos afastar dela e nos confinar na irrelevância. — Ao longo dos anos, praticamente tudo o que está escrito aqui foi discutido com amigos e alunos, a que agradeço de coração. Devo uma nota especial a Antonio Candido, de cujos livros e pontos de vista me impregnei muito, o que as notas de pé de página não têm como refletir. Meu trabalho seria impensável igualmente sem a tradição — contratraditória — formada por Lukács, Benjamin, Brecht e Adorno, e sem a inspiração de Marx.

Tive a boa sorte de ser bolsista da Guggenheim Memorial Foundation em 1977-78, e membro do The Institute for Advanced Study de Princeton em 1980-81, o que me permitiu dois anos de dedicação integral a Machado de Assis. Na Unicamp, os colegas do Departamento de Teoria Literária tiveram a camaradagem de me ceder semestres livres em duas oportunidades, sem o que este livro ainda não estaria pronto. A todos agradeço.

Retrato de Machado de Assis reproduzido na revista *Penna & Lapis* (ano I, nº 2, Rio de Janeiro, 10/6/1880).

I.
Uma desfaçatez de classe

1. Observações iniciais

A estridência, os artifícios numerosos e a vontade de chamar atenção dominam o começo das *Memórias póstumas de Brás Cubas* (1880). O tom é de abuso deliberado, a começar pelo contrassenso do título, já que os mortos não escrevem. A dedicatória saudosa "ao verme que primeiro roeu as frias carnes de meu cadáver", arranjada em forma de epitáfio, é outro desrespeito. Mesma coisa para a intimidade com que de entrada é provocado o leitor, caso não goste do livro: "pago-te com um piparote, e adeus". E que dizer da comparação entre as *Memórias* e o *Pentateuco*, sutilmente vantajosa para as primeiras, gabadas pela originalidade? Trata-se, em suma, de um show de impudência, em que as provocações se sucedem, numa gama que vai da gracinha à profanação.

A persistência na afronta, sem a qual as *Memórias* ficariam privadas de seu ritmo próprio, funciona como um requisito técnico. Para cumpri-lo o narrador a todo momento invade a cena e "perturba" o curso do romance. Essas intromissões, que alguma regra sempre infringem, são o recurso machadiano mais saliente e famoso. A crítica as tratou como traço psicológico do Autor, deficiência narrativa, superioridade de espírito, empréstimo inglês, metalinguagem, nada disso estando errado. Neste ensaio serão vistas enquanto forma, tomado o termo em dois sentidos,

a) como regra de composição da narrativa, e b) como estilização de uma conduta própria à classe dominante brasileira.

No romance machadiano praticamente não há frase que não tenha segunda intenção ou propósito espirituoso. A prosa é detalhista ao extremo, sempre à cata de efeitos imediatos, o que amarra a leitura ao pormenor e dificulta a imaginação do panorama. Em consequência, e por causa também da campanha do narrador para chamar atenção sobre si mesmo, a composição do conjunto pouco aparece. Entretanto ela existe, e, se ficarmos a certa distância, deixa entrever as grandes linhas de uma estrutura social. São estas que dão a terceira dimensão, ou integridade romanesca, ao brilho algo fácil dos gracejos de primeiro plano. Difícil de precisar, esta unidade latente é um segredo da obra machadiana. Depois de fixá-la, tentaremos uma interpretação, que vai nos levar a circunstâncias brasileiras.

"CAPÍTULO I
Óbito do autor

Algum tempo hesitei se devia abrir estas memórias pelo princípio ou pelo fim, isto é, se poria em primeiro lugar o meu nascimento ou a minha morte. Suposto o uso vulgar seja começar pelo nascimento, duas considerações me levaram a adotar diferente método: a primeira é que eu não sou propriamente um autor defunto, mas um defunto autor, para quem a campa foi outro berço; a segunda é que o escrito ficaria assim mais galante e mais novo. Moisés, que também contou a sua morte, não a pôs no introito, mas no cabo: diferença radical entre este livro e o Pentateuco.

Dito isto, expirei às duas horas da tarde de uma sexta-feira do mês de agosto de 1869, na minha bela chácara de Catumbi. Tinha uns sessenta e quatro anos, rijos e prósperos, era solteiro, possuía cerca de trezentos contos e fui acompanhado ao cemitério por onze amigos. Onze amigos! Verdade é que não houve cartas nem anúncios. Acresce que chovia [...]."[1]

O espevitamento desta abertura, em que o impossível está dito em primeira pessoa, é grande. Parece claro que a situação de "defunto autor", diferente de "autor defunto", sendo uma agudeza intencionalmente *barata*, aqui não desmancha a verossimilhança realista, embora a desrespeite. Antes a confirma, pois sem ela não seria originalidade nem teria graça. Menos que afirmar outro mundo, Brás quer destratar o nosso, que é dele também, isto para infligir-nos a sua impertinência. Humor "infame" e metódico, da família dos absurdos de sala, cansativo à primeira vista, mas ainda assim um achado capital, conforme veremos.

Noutras palavras, *um narrador voluntariamente importuno e sem credibilidade*. Que pensar então das dúvidas literárias ("Algum tempo hesitei"), considerações lógicas e opções de método ostentadas pelo morto? Em abstrato, pelo assunto e pelo tom, passariam por inquietações de um cavalheiro ilustrado. No contexto, não são menos postiças que a condição de falso defunto, a qual lhes empresta insolência. São poses que não se destinam a enganar, nem ocultam nada. Não se trata portanto de crer nelas, de buscar a sua verdade ou coerência, mas de lhes admirar o descaramento, o virtuosismo com que são manejadas. A todo momento Brás exibe o figurino do *gentleman* moderno, para desmerecê-lo em seguida, e voltar a adotá-lo, configurando uma inconsequência que o curso do romance vai normalizar. É como

---

[1] Machado de Assis, *Memórias póstumas de Brás Cubas*, Rio de Janeiro, Instituto Nacional do Livro, 1960, p. 111. De ora em diante citado como *MPBC*.

se a conduta ilustrada fosse credora de respeitosa consideração, tanto quanto de escárnio, e funcionasse ora como norma indispensável, ora como trambolho — complementaridade que delineia um modo de ser.

Também na prosa há um quê de falsete. A entonação das primeiras linhas é empertigada: *Algum tempo hesitei, Suposto o uso vulgar, adotar diferente método*. Mesma coisa para as habilidades retóricas do morto, que por assim dizer estão em grifo, na sintaxe engomada e sobretudo nas construções antitéticas: *princípio e fim, nascimento e morte, vulgar e diferente, campa e berço* etc. A intenção de mostrar superioridade é patente, ainda que inseparável da situação narrativa risível. Assim, prestígio e desprestígio estão juntos na empostação da linguagem, convivência que é de todos os momentos, e atrás da qual triunfa o narrador, que brilha sempre duas vezes, uma quando assinala os próprios méritos retóricos, outra quando ri de seu caráter desfrutável. É certo que discurso e ambiguidades no caso são do defunto, a quem caracterizam como indivíduo, se é possível dizer assim; o seu alcance entretanto não se esgota aí, já que a eloquência está toda ela arranjada para significar prerrogativa social, dando dimensão e travo de classe à escrita.[2]

A sátira até aqui é amena, pois o leitor concede facilmente que o uso pernóstico da cultura oficial e das aparências ilustradas (*hesitações, suposições, considerações, método*) seja engraçado. E ela é sem surpresa, pois a voz do além automaticamente põe paródia em tudo que diz. Na frase final do parágrafo, entretan-

---

[2] "Machado é um escritor em quem o aspecto fortemente retórico do estilo, longe de lesar, *reforça* a energia *mimética* da linguagem, o seu poder de imitar, de *fingir* (ficção) efetivamente a variedade concreta da vida." José Guilherme Merquior, *De Anchieta a Euclides*, Rio de Janeiro, José Olympio, 1977, p. 174.

to, rompendo com este humorismo em fim de contas morno, vem uma enormidade, dita de forma cortante: "Moisés, que também contou a sua morte, não a pôs no introito, mas no cabo: diferença radical entre este livro e o Pentateuco". Ao distinguir entre a sua obra e a Bíblia num ponto preciso, como se fossem comparáveis no resto, Brás Cubas mostra que a sua disposição escarninha não vai ficar na literatice metafísica, em brincadeiras com a verossimilhança e as convenções literárias. O seu ânimo não hesita diante do "mau gosto" incisivo, e só se completa na ofensa e na conspurcação.

Longe de ser presunçoso, o paralelo com as Escrituras é fruto de outro sentimento muito mais inconfessável: trata-se da satisfação maligna de rebaixar e vexar, de anunciar que os desplantes do narrador não vão se deter diante de nada, que não ficará pedra sobre pedra, o que para ele constitui uma superioridade ou inferioridade, não se sabe bem. O contraste entre esta provocação e as anteriores é sensível, pois uma coisa é fazer pouco do bom senso literário, contando com a cumplicidade do leitor, cumplicidade malévola, já que o próprio Brás Cubas é objeto de riso também, e outra é banalizar o Livro Sagrado mediante uma curta frase. No segundo caso, a intenção é de passar da conta. É claro que o efeito literário não está nas gracinhas ou na profanação tomadas separadamente, mas na súbita intimidade que se estabelece entre as duas, e na sua sucessão. Passando por cima da diferença, o narrador põe a nu o que nas provocações iniciais apenas se pressentia, o desejo de afronta e liquidação, tudo atenuado, ou agravado, pela frivolidade da dicção. Esta passagem inopinada do humorismo às vias de fato, primeira de uma longa série, é um movimento-chave nas *Memórias*, onde aparece em todos os planos, como assunto, ritmo narrativo, cacoete de dicção etc. Iremos reencontrá-la em formas também mais desenvolvidas, quando então a trataremos de interpretar. Por agora repitamos que é ela a explicitação e culminação do que está latente nas liberdades que a todo momento o narrador está tomando com a norma, literária ou não. O exercício do abuso pelo abuso, que constitui a matéria explorada neste livro — matéria a concretizar adiante — tem no lance do agravamento súbito, quando o desmando subjetivo do narrador se exerce em sua plenitude, um momento de verdade.

O leitor terá sentido que a cada proposição de nosso parágrafo a fisionomia de Brás é outra. O tipo que na primeira linha hesita quanto à melhor maneira de compor memórias não é o mesmo que em seguida promete, como se nada fosse, esclarecimentos sobre a própria morte. Este por sua vez não é o mesmo que providencia para se distanciar do vulgo, que não é o mesmo que se compraz no paradoxo do defunto autor, que não é o mesmo da preocupação com o galante e novo, e portanto com a moda, que não é o mesmo da piada sobre o *Pentateuco*. O revezamento das poses é sem transição, um exercício de volubilidade, e o resultado literário depende da viveza e frequência dos contrastes. Para completar, a prosa culta — que é pose ela também — empresta um verniz de respeitabilidade a pulos, manobras e transformações do narrador, o que lhe disfarça o lado gritante da desfaçatez, ao mesmo tempo que aprofunda o seu tipo social, além naturalmente de causar uma desproporção cômica. Seja como for, é um andamento que supõe efeitos calculados a cada passo, e uma prosa como que escrita diante do espelho. As personificações têm que se erguer e completar no espaço de uma frase, ficando um olho na que veio antes, outro na que vem depois, e um terceiro no leitor, sem o que não se assegura o imprevisto indispensável à vida deste ritmo. É fato que a sua dimensão exibicionista e manipulativa constrange, induzindo uma leitura animada de reservas e má vontade. Estas serão resgatadas e manipuladas por sua vez ("não esteja daí a torcer-me o nariz"),³ fazendo que o leitor experimente na própria pele o relacionamento que o livro estuda. Qual das fisionomias de Brás é a verdadeira? Está claro que nenhuma em particular. Tanto mais que a situação narrativa é troça notória ela também (o defunto autor), o que baralha as coordenadas da realidade ficcional. Noutras palavras, faltando credibilidade ao narrador, as feições que constantemente ele veste e desveste têm verdade incerta, e tornam-se elemento de provocação, esta sim indiscutível. Idem para a indefinição, ou para a troça, que desestabilizam o estatuto literário: deixam planar, com a dúvida sobre o gênero, o risco de uma estocada não regulamentar. O terreno é movediço, e cabe ao leitor orientar-se como pode, desamparado de referências consentidas, e tendo como únicos indícios as palavras do narrador, ditas em sua cara, com indisfarçada intenção de confundir. Uma espécie de vale-tudo onde, na falta de enquadramento convencionado, a voz narrativa se torna relevante em toda a linha, forçando o leitor a um estado de sobreaviso total, ou de máxima atenção, próprio à grande literatura.

Paradoxalmente, o artifício retórico e a insinceridade ostensiva fazem efeito de nudez, a mais indiscreta, pelo desejo que revelam de manipular as aparências. Por uma inversão que está na base da literatura moderna, a desconfiança diante da figuração — cuja inocência está posta em dúvida — não abole a realidade, mas a desloca para o próprio ato de representar, que se torna seu fundamento último, sempre interessado. Nestas circunstâncias, a questão não é de saber se Brás é um memorialista conscencioso, um piadista cara de pau, um esnobe ou um cultor de sa-

---

³ *MPBC*, p. 115.

crilégios, mas sim de acompanhar o movimento de vontade que se realiza através deste desfile de encarnações, um tanto à nossa custa. Em lugar da convenção de veracidade, que as infrações do narrador a todo momento impedem de se formar, cria-se entre autor e leitor uma relação *de facto*, uma luta pela fixação do sentido e também pela rotulação recíproca — que espécie de manhoso é este narrador? que espécie de infeliz é este leitor? — em que um procura rebaixar o outro. Assim, a representação flui francamente no elemento da vontade, ou melhor, do arbítrio, e a objetividade é no máximo uma aparência de que Brás ocasionalmente gosta de se valer.

Em linha análoga, observe-se que a vivacidade das frases depende sem exceção da presença de algum pecadilho, que lhes dá o picante. Contar absurdos como se fossem verdade, desconsiderar o homem comum, sacrificar o eterno à novidade, desacatar a religião etc., são condutas ditas erradas, de que Brás faz praça enquanto tais. Como não julgar, ainda que para desculpá-lo? Nem o leitor atrabiliário, simpático aos abusos da personagem, esquece a norma que está sendo desrespeitada. É Brás quem obriga ao juízo moral, ao mesmo tempo que não faz caso dele, armando uma situação desregrada e normativa, de inviabilidade moral em permanência, ou também de prepotência impune. Acresce que o retrato até aqui é interioridade pura, feito a traço de provocações e exercícios de estilo. O único dado de realidade externa ocorre ser um inverossímil — a condição de defunto —, o que lhe retira a índole fatual e faz também dele uma finta do espírito. Ora, na falta de matéria irrevogável, que configure a ilusão da objetividade e comprometa o narrador a não se desdizer, o leitor não tem por onde segurá-lo e lhe fica entregue de mãos e pés atados. A relação narrativa é desleal, e a última palavra, privada embora de autoridade, quem tem sempre é o narrador.

Observações iniciais

Isso posto, ao passar para o segundo parágrafo o leitor terá notado o clima diferente. Em duas frases sabemos de hora, dia e local da morte de Brás, além da idade, fortuna, estado civil e de saúde. O alívio trazido por uns poucos fatos é notável. Em lugar da voz desencarnada e inquietante das linhas anteriores, encontramos uma personagem de contornos visíveis, situada e rotulável. A narração agora é singelamente figurativa, desprovida de finalidades outras, ao menos em aparência, bem ao contrário da anterior exposição de motivos do pseudomemorialista. Estamos no espaço estilístico do Realismo, cuja postulação de objetividade, partilhada por autor e leitor, nada tem a ver com o narrador importuno que viemos descrevendo. Daí a pausa de tranquilidade que acompanha este passo, onde por um momento o leitor escapa, ou parece escapar, aos manejos da personagem-autor. O contraste não podia ser mais vivo, mas o cessar-fogo não dura. Digamos que os onze amigos que levam Brás ao cemitério são um *fato* e nada mais, isto quando aparecem pela primeira vez; na frase seguinte, contudo, transformam-se em *despeito*, pois onze num enterro é pouco, despeito destinado, por sua vez, a divertir a galeria. "Onze amigos!": o acento é amargo, a intenção é cômica, e estamos de volta às escaramuças com o público, onde a realidade e o pretérito não valem por si, mas são pretextos para satisfações atuais e de amor-próprio, cuja natureza resta precisar. Como tudo mais, o estilo realista havia sido um recurso, um registro literário entre muitos, servindo à inconstância discricionária do narrador.

De outro ângulo, é um bom exemplo da permanente *respiração* do texto, da alternância de crispação e distensão. Depois do corpo a corpo com o leitor, das fintas e dos golpes baixos, vem a indiferença — a que aliás corresponde um gozo específico. Ao longo do romance ela irá se apresentar sob várias formas, até mais pronunciadas que a imparcialidade realista. Vejam-se o ponto de vista de Sirius, infinitamente distante, ou a saciedade sexual, ou o sono, ou o incomensurável "desdém dos finados", ou ainda a distância na recordação, "corrido o tempo e cessado o espasmo". Nada mais relativo entretanto que estes absolutos: longe de serem posições finais, são sempre pontos de passagem para a retomada da anterior inquietação, que com eles compõe um ritmo essencial às *Memórias*.

A música do primeiro parágrafo é sintática, e seu humor está na tensão entre o desenho gramatical elegante e o absurdo do que é dito. O leitor interessado consinta em reler a passagem, atentando no movimento. O ritmo é estritamente binário, marcado por alternativas, paralelismos, antíteses, simetrias, disparidades. Assim, de início o narrador hesita entre dois modos de abrir as suas memórias, se pelo princípio, se pelo fim, disjunção formulada na mesma frase uma segunda vez, em forma paralela (se pelo nascimento, se pela morte), só que agora em termos de despropósito, realçado pela repetição. Mesmo os termos que aparecem isolados têm um par implícito que os faz membros de uma ordem dual: se "algum tempo" Brás vacilou, é que agora ele não vacila mais; e a dúvida quanto ao "primeiro lugar" acarreta outra, quanto ao segundo. À hesitação da primeira frase segue-se a decisão na subsequente: a opção se faz contra o "uso vulgar" e a favor de outro "método", sendo comandada por "considerações" (também duas), o que acentua a pretensão ilustrada do narrador. A primeira destas "considerações" retoma o disparate da frase inicial, para amplificá-lo numa adversativa conceituosa ("não sou propriamente um autor defunto, mas um defunto autor"), duplicada por sua vez na antítese entre a "campa" e o "berço". Sob pena de quebrar o paralelismo, a segunda consideração devia ela também comportar figuras de linguagem e pensamento, e sobretudo manifestar andamento binário. Mas não: sem retórica e singelamente ela anuncia a vontade de agradar. Continua a adjetivação em pares

Observações iniciais

(o "galante" e o "novo"), cuja pouca articulação entretanto — não há simetria com a oração anterior, não há antítese ou contraste marcado entre os adjetivos — só acentua o anticlímax, de intenção engraçada. É como se a condução da frase dissesse que no frigir dos ovos o método e as considerações do autor não se completam e são moda pura. Aqui entra Moisés, o da Bíblia, que "também" (quer dizer, como o seu par brasileiro) contou a própria morte: entra a título de coisa antiga, por oposição ao novo, que já se sabe quem é.

Noutro plano, ao dividir e subdividir o seu assunto, ao enumerar os termos que o constituem, ao marcar-lhes a oposição e o contraste, tudo abarcado numa só frase ou num só movimento, esta maneira de expor *logiciza* o real: apresenta-o como campo dominado pelo espírito, e dispõe ou pseudodispõe dele nada menos que no conjunto, enquanto totalidade articulada e reduzida ao essencial, sobre a qual triunfou a inteligência. É um procedimento que supõe amplitude de vistas, capacidade analítica, fluência e concisão expositivas etc., sem prejuízo de estas aptidões estarem numa versão apalhaçada, o que estende a ação do abuso a territórios pouco batidos: à esfera das faculdades de conhecimento enquanto tais. De fato, por envolverem questões impalpáveis e remotas, ou por serem tópico sério, reservado à filosofia, estas faculdades não se pareciam prestar como assunto de ficção. Machado contudo percebeu nelas uma base estratégica para o estudo e o exercício da arbitrariedade, tanto assim que a comédia dos interesses implicados na atividade de classificar, esquematizar e abstrair será um dos aspectos originais de sua obra. É evidente que esta ordem de problemas era tabu para o objetivismo e ilusionismo do romance realista, o que colocava a literatura machadiana em posição avançada no século XIX. Por outro lado, os desníveis entre o esqueleto sintático muito armado e as irregularidades do real são humor de filiação inglesa setecentista, o que fez um crítico notar que Machado usava recursos arcaizantes para obter efeitos modernos.[4] Por fim, a mistura dos registros clássico e realista, a que adiante se acrescentarão outras dicções, é parte do bazar estilístico criado no século XIX pelo Historicismo.

---

[4] Antonio Candido, "Esquema de Machado de Assis", *in Vários escritos*, São Paulo, Duas Cidades, 1970, p. 22 (3ª edição, 1995, p. 26). Para a prosa inglesa setecentista ver o estudo de Watt, "The ironic voice", *in* Ian Watt (org.), *The Augustan Age*, Nova York, Fawcett Publications, 1968.

2. Um princípio formal

"Fez do seu capricho uma regra de composição..."
Augusto Meyer, "O homem subterrâneo"

Que concluir das observações que fizemos até aqui? Indicam — espero — a profusão e natureza crucial das relações implicadas no andamento da prosa machadiana, e o extraordinário contraste das vozes orquestradas em sua música, verdadeiramente complexa. De outro lado, a despeito da diversidade, são observações que convergem para dois temas ligados: a volubilidade do narrador, que é extrema, e o constante desrespeito de alguma norma.

Vimos que em poucas linhas Brás finge de morto, de metódico, de paradoxal e de elegante, entre outras coisas. A seguir, em sucessão igualmente veloz, ele será cínico, ligando a seu testamento o elogio que lhe proferem ao pé da cova; indiscreto, insinuando que uma das senhoras presentes ao enterro "ainda que não parenta, padeceu mais do que as parentas"; charlatão, explicando um plano para ganhar dinheiro e fama por meio da invenção do "Emplasto Brás Cubas". Mesma coisa se voltarmos atrás, ao prólogo, onde se alternam negaças, insultos e apelos ao esnobismo do leitor, tudo governado pelo intuito de angariar público, e configurando uma ligeira barretada à civilização de mercado. Enfim, buscando generalizar, digamos que o narrador não permanece igual a si mesmo por mais de um curto parágrafo, ou melhor, muda de assunto, opinião ou estilo quase que a cada frase. Com ritmo variável, a mobilidade vai da primeira à última linha do romance. Em lugar de acompanhá-la passo a passo, o que no limite levaria a uma paráfrase completa, tratemos de entender-lhe a lógica.

Há um elemento de complacência nesta disposição mudadiça, bem como no virtuosismo retórico de que ela depende para se realizar. São viravoltas sobre viravoltas, que invariavelmente se acompanham de uma satisfação de amor-próprio para o narrador, de cuja superioridade elas por assim dizer dão prova. Brás, como um seu coleguinha de infância que só brincava de rei, ministro ou general, aspira a "uma supremacia, qualquer que fosse",[1] expressão que designa bem a experiência que o andamento da narrativa persegue e trata de renovar a todo instante. O instrumento são as mudanças bruscas a que nos referimos, onde por definição e caso a caso algo se rompe, em conteúdo ou forma, e o capricho despótico do narrador-personagem se impõe. A cada inconstância o último se subtrai, dá um quinau no público e pela enésima vez se afirma espirituoso, além de vencedor. O caráter forçado deste humorismo salta aos olhos e terá vexado muitos leitores. Entretanto, o curso do livro não só o resgata, como o valoriza ao extremo: trata-se da acentuação deliberada — beirando o didático — de aspectos autoritários e perversos da volubilidade que tentamos caracterizar.

O movimento se completa no plano da forma, pela babel das modalidades literárias: trocam-se estilos, escolas, técnicas, gêneros, recursos gráficos, tudo comandado pelo mesmo afã de uma

---

[1] *MPBC*, p. 137.

Um princípio formal

superioridade "qualquer". Assim, a narrativa passa do trivial ao metafísico, ou vice-versa, do estrito ao digressivo, da palavra ao sinal (o capítulo à moda shandyana, feito de pontinhos, exclamações e interrogações), da progressão cronológica à marcha à ré no tempo, do comercial ao bíblico, do épico ao intimista, do científico à charada, do neoclássico ao naturalista e ao chavão surrado etc. etc. Os contrastes são inúmeros, entre frases, entre parágrafos, entre capítulos, mas o efeito visado é um só, a satisfação da mesma constante veleidade. Mais que baixo contínuo, esta é a mediação geral que dá pertinência, pelo toque insensato, aos materiais do romance. *Digamos então que no curso de sua afirmação a versatilidade do narrador faz pouco de todos os conteúdos e formas que aparecem nas* Memórias, *e os subordina, o que lhe proporciona uma espécie de fruição. Neste sentido a volubilidade é, como propusemos no início destas páginas, o princípio formal do livro.*

Qual a sua esfera? Para alargá-la ao máximo, o narrador adota envergadura enciclopédica, aliás em desproporção com o âmbito acanhado das anedotas que conta e formam o enredo. Esta dissonância é importante e voltaremos a ela. Por agora note-se que as páginas iniciais trazem o nome de mais de trinta homens ilustres, personagens literárias, monumentos célebres, datas capitais. Estão mencionados tempos bíblicos, homéricos e romanos, Idade Média, Renascimento e Reforma, século clássico francês, Guerra Civil Inglesa e as unificações italiana e alemã.[2] Para

---

[2] Augusto Meyer, "De Machadinho a Brás Cubas", *Revista do Livro*, nº 11, setembro de 1958, Rio de Janeiro, Instituto Nacional do Livro, p. 15. As observações e deduções de Meyer, neste e noutros estudos, são o ponto alto da crítica machadiana. Conservam poder de revelação notável, apesar do envelhecimento de seu quadro teórico, o que aliás ilustra a independência relativa entre conceituações adotadas e, do outro lado, a percepção literária e a capacidade de expressá-la. O presente trabalho deve muito às formulações de Meyer.

que não haja dúvida quanto à jurisdição que a volubilidade se dá, o capítulo do Delírio — espécie igualmente de exorbitância mental — vai da origem à consumação dos tempos, uma vez de trás para diante, e outra de diante para trás.[3] Em diapasão mais discreto, há ainda o enciclopedismo tácito das referências culturais, dissolvidas na variação dos pontos de vista. Assim, no extraordinário capítulo II, que trata da invenção do Emplasto Brás Cubas, este último é apresentado sucessivamente como "ideia grandiosa e útil"; como ideia fixa, que se pendura por conta própria no trapézio cerebral; como panaceia anti-hipocondríaca, destinada "a aliviar a nossa melancólica humanidade"; como objeto de uma petição de privilégio dirigida ao governo, com alegações caridosas e propósitos lucrativos; e como oportunidade "de ver impressos nos jornais, mostradores, folhetos, esquinas e enfim nas caixinhas do remédio, estas três palavras: *Emplasto Brás Cubas*". Respectivamente, as referências são o ideário liberal-burguês; a filosofia do inconsciente (em transposição cômica); o contraste entre a cura antiga e a medicina moderna; o patrocínio governamental; a finalidade cristã; a finalidade capitalista; e a síntese, na mania do anúncio, entre a velha vaidade e o novo espírito comercial. Pode-se imaginar um emplasto mais completamente universalizado? Para terminar, nem espaço e tempo, estes redutos do senso comum, estão a salvo: a volubilidade os comprime, dilata e percorre em todas as direções, conforme lhe dá na veneta. Noutras palavras, um show de cultura geral caricata, uma espécie de universalidade de pacotilha, na melhor tradição pátria, em que o capricho de Brás Cubas toma como província a experiência global da humanidade e se absolutiza. *Já não se trata de uma disposição passageira, psicológica ou estilística, mas de um*

---

[3] *MPBC*, cap. VII.

Um princípio formal

princípio rigoroso, sobreposto a tudo, e que portanto se expõe e se pode apreciar em toda linha. Esta universalização assenta o eixo que dá potência ideológica às *Memórias*.

Assim, desde a abertura o romance apresenta um narrador-personagem que dispõe do todo da tradição ocidental com espetacular desenvoltura. A sua superioridade consiste em não se dar jamais por achado, a olhos alheios ou aos próprios, e se afirma através da desidentificação sistemática de si mesmo, cuja contrapartida é a constante adoção de novos papéis, logo postos de lado por sua vez. Ao longo deste movimento são deixadas umas pelas outras, tendencialmente, todas as ideias e formas à disposição de um homem culto do tempo, que ficam relativizadas (e também estereotipadas e barateadas). Estas substituições, com os contrastes sumários e o fundo de indiferença que supõem, certamente não constituem um processo crítico, de que no entanto elas emprestam a irreverência e o gosto pela demolição. Uma irreverência acrítica, ou inespecífica, se é possível dizer assim. O mesmo vale para a sem-cerimônia com que Brás circula entre domínios apartados pela tradição, igualando-os enquanto apoio de sua verve. A desenvoltura diante de tudo, expressa na lepidez narrativa, de escola setecentista e "filosófica", depende de pressupostos que a rigor não são dele. Ela é impensável sem o esforço analítico e formulador dos Ilustrados, o trabalho prévio de secularização e unificação enciclopédica do domínio humano, trabalho de cujo espírito esclarecido Brás não participa, embora lhe aproveite os resultados, aos quais imprime uma nota irrisória. A universalização do capricho no caso significava a incorporação dos *resultados* da *Aufklärung*, mas sem o *processo* correspondente, e sob uma diretriz — que resta caracterizar — oposta à dela.

Uma técnica narrativa, enfim, a que não faltam alcance nem implicações. Separada do ímpeto crítico e reformador, a Ilustração troca de sinal, transformando-se em licença; resta o estoque das coisas humanas, equivalentes na sua mecânica risível, banalizadas e oferecidas à dissipação de um homem culto, cuja fisionomia de classe peculiarmente nacional — especialidade literária de Machado de Assis — examinaremos mais adiante.

3. A matriz prática

Qual o referente — se é que existe — captado e imitado nesta forma de prosa? A prática do arbítrio narrativo, afrontosa para o senso comum, pareceria remeter às flutuações erráticas de um sujeito individual, plantando as *Memórias* fora do campo realista. Analogamente a presença espetacular de tópicos metafísicos, procedimentos literários "exóticos" e celebridades de todos os quadrantes (Lucrécia Borgia, a batalha de Salamina, Bismarck, Aristóteles etc.) faria supor um espaço imaginário estranho ao balizamento nacional. Nossa tese, de cujo bem-fundado tentaremos convencer o leitor, vai na direção contrária: sem prejuízo do raio de ação ilimitado, e, neste sentido, universal, a volubilidade do narrador e a série dos abusos implicados retêm a feição específica, ou, para falar com Antonio Candido, configuram a "redução estrutural"[1] de um movimento que a circunstância histórica impunha — ou facultava, conforme o ponto de vista — à camada dominante brasileira. A explicação deste passo requer um momento de reflexão extraliterária, cuja pertinên-

---

[1] Antonio Candido, "Dialética da malandragem", *Revista do Instituto de Estudos Brasileiros*, nº 8, São Paulo, 1970, p. 75. Republicado em *O discurso e a cidade*, São Paulo, Duas Cidades, 1998, p. 33.

cia, impossível de provar por a + b, se documenta na compreensão acrescida que acaso permita.² É sabido que a emancipação política do Brasil, embora integrasse a transição para a nova ordem do capital, teve caráter conservador.³ As conquistas liberais da Independência alteravam o processo político de cúpula e redefiniam as relações estrangeiras, mas não chegavam ao complexo socioeconômico gerado pela exploração colonial, que ficava intacto, como que devendo uma revolução. Noutras palavras o senhor e o escravo, o latifúndio e os dependentes, o tráfico negreiro e a monocultura de exportação permaneciam iguais, em contexto local e mundial transformado. No tocante às ideias caíam em descrédito as justificações que a colonização e o Absolutismo haviam criado, substituídas agora pelas perspectivas oitocentistas do estado nacional, do trabalho livre, da liberdade de expressão, da igualdade perante a lei etc., incompatíveis com as outras, em particular com a dominação pessoal direta. No plano econômico-político firmava-se o sistema internacional polarizado pela industrialização capitalista, especialmente inglesa, cujo lado liberal pautaria a consciência do século.⁴ O que significava nestas circunstâncias a persistência do sistema produtivo montado no período anterior?

---

² Th. W. Adorno, "Rede über Lyrik und Gesellschaft", *in Gesammelte Schriften*, vol. II, Frankfurt/M., 1974, p. 49, e "Ideen zur Musiksoziologie", *in Klangfiguren*, Frankfurt/M., Suhrkamp, 1959, p. 25.

³ Luiz Felipe de Alencastro, "La traite negrière et l'unité nationale brésilienne", *Revue Française d'Histoire d'Outre-Mer*, vol. LXVI (1979), nº 244-245, e Fernando A. Novais, "Passagens para o Novo Mundo", São Paulo, *Novos Estudos Cebrap*, nº 9, julho de 1984. Meus argumentos devem muito a estes dois estudos.

⁴ O exemplo inglês e francês de soberania nacional com cidadania generalizada havia alcançado estatuto de paradigma, a que de outro lado correspondiam

A matriz prática

Em princípio a troca das coordenadas, expressão da virada histórica mundial, acarretava uma inversão generalizada de sinais, o positivo de antes passando a nefasto e sobretudo retrógrado. Já o curso local das coisas confundia o juízo, quando não ensinava uma avaliação discrepante. O tráfico de africanos por exemplo continuou a ser um alto negócio, "o mais lucrativo sob o sol",[5] até a sua supressão definitiva em 1850. Mesma coisa para o ciclo do café, decisivo e longo, cuja prosperidade assentava sobre a escravidão e, mais adiante, sobre o trabalho semiforçado, com o qual chegaria a nosso tempo. Assim, a ligação do país à ordem revolucionada do capital e das liberdades civis não só não mudava os modos *atrasados* de produzir, como os confirmava e promovia na prática, fundando neles uma evolução com pressupostos *modernos*, o que naturalmente mostrava o progresso por um flanco inesperado. O estatuto colonial do trabalho, desassistido de quaisquer direitos, passava a funcionar em proveito da recém-constituída classe dominante nacional, a cujo adiantamento a sua continuidade interessava diretamente. A mão de obra culturalmente segregada e sem acesso às liberdades do tempo deixava portanto de ser uma sobrevivência passageira, para fazer parte estrutural do país livre, a mesmo título que o parlamento, a constituição, o patriotismo revolucionário etc., igualmente indispensáveis. Seria, do ângulo prático, uma necessidade *contemporânea*;

---

ressentimentos internacionais de toda sorte. A respeito, ver Hannah Arendt, *The origins of totalitarianism*, Nova York, Harvest Book, 1973, segunda parte, e Eric J. Hobsbawm, *The age of empire*, Nova York, Pantheon, 1987, cap. I (trad. brasileira de Roberto Raposo, *Origens do totalitarismo*, São Paulo, Companhia das Letras, 1989, e trad. brasileira de Sieni M. Campos e Yolanda Steidel de Toledo, *A era dos impérios*, São Paulo, Paz e Terra, 1988).

[5] Luiz Felipe de Alencastro, *op. cit.*, p. 409.

do ângulo afetivo, uma presença *tradicional*, e do ângulo ideológico, uma abjeção *arcaica* — atributos contraditórios mas verdadeiros à luz da experiência histórica da camada dominante. No que diz respeito ao ideário liberal, encontraremos uma variação de apreciações correlata. Necessário à organização e à identidade do novo Estado e das elites, ele representa progresso. Por outro lado não expressa *nada* das relações de trabalho efetivas, as quais recusa ou desconhece *por princípio*, sem prejuízo de conviver familiarmente com elas. Daí um funcionamento especial, sem compromisso com as obrigações cognitiva e crítica do Liberalismo, o que abala a credibilidade deste último e lhe imprime, a par da feição esclarecida, um quê *gratuito, incongruente e iníquo*. Esta complementaridade entre instituições burguesas e coloniais esteve na origem da nacionalidade e até hoje não desapareceu por completo. Pela posição-chave, e também pelo pitoresco, no qual se registra o *desvio* em relação ao modelo canônico anglo-francês,[6] aquela articulação — desconjuntada por natureza — tem estado no centro da reflexão literária e teórica so-

---

[6] "[...] o brasileiro do litoral ou da cidade viveu, durante a primeira metade do século XIX — na verdade durante o século inteiro — sob a obsessão dos 'olhos estrangeiros'. [...] E os 'olhos dos estrangeiros' eram os olhos da Europa. Eram os olhos do Ocidente. Do ocidente burguês, industrial, carbonífero [...]." Gilberto Freyre, *Sobrados e mucambos*, t. II, Rio de Janeiro, José Olympio, 1977, p. 426. Para a discussão recente do tema, ver Florestan Fernandes, "As implicações socioeconômicas da Independência", *A revolução burguesa no Brasil*, Rio de Janeiro, Zahar, 1981; Emília Viotti da Costa, "Liberalism: theory and practice", *The Brazilian empire*, Chicago, The Dorsey Press, 1988; José Murilo de Carvalho, "A política da abolição: o rei contra os barões", *Teatro de sombras: a política imperial*, Rio de Janeiro, Vértice, 1988; Alfredo Bosi, "A escravidão entre dois liberalismos", *Estudos Avançados*, vol. II, nº 3, São Paulo, IEA, 1988 (republicado em *Dialética da colonização*, São Paulo, Companhia das Letras, 1992).

bre o país, de que se tornou quase a marca distintiva. Contudo basta considerar a nova divisão internacional do trabalho, em que às ex-colônias coube o papel de consumidores de manufaturados e fornecedores de produtos tropicais, para entender que o desenvolvimento moderno do atraso só em primeira instância era uma aberração brasileira (ou latino-americana). O fundamento efetivo estava no que a tradição marxista identifica como o "desenvolvimento desigual e combinado do capitalismo",[7] expressão que designa a equanimidade sociológica particular a esse modo de produção, o qual realiza a sua finalidade econômica, o *lucro*, seja através da ruína de formas anteriores de opressão, seja através da reprodução e do agravamento delas.[8] Contrariamente ao que as aparências de atraso fazem supor, a causa última da absurda formação social brasileira está nos avanços do capital e na ordem planetária criada por eles, de cuja *atualidade* as condutas disparatadas de nossa classe dominante são parte tão legítima e expressiva quanto o decoro vitoriano. Isso posto, digamos que o Brasil se abria ao comércio das nações e virtualmente à totalidade da cultura contemporânea mediante a expansão de modalidades sociais que se estavam tornando a execração do mundo civilizado.[9]

A face drástica da situação encontrava-se no tráfico negreiro, proscrito como "pirataria" em Direito Internacional, condenado do ponto de vista religioso, moral, político e econômico, privado dos antigos patrocínios governamentais, transformado enfim num imenso empreendimento ilícito — a que entretanto

---

[7] A expressão é de Trotski, que a expõe e utiliza no capítulo inicial de sua *História da Revolução Russa*.

[8] Ellen Meiksins Wood, "Capitalism and human emancipation", *New Left Review*, nº 167, janeiro-fevereiro de 1988, Londres, pp. 5-6.

[9] Luiz Felipe de Alencastro, *op. cit.*, p. 414.

se prendia o andamento normal dos negócios brasileiros, que ficavam estruturalmente associados à contravenção.[10] Para indicar o teor da dissonância, sirva uma observação de Luiz Felipe de Alencastro, segundo a qual o novo governo, quando negociava o reconhecimento diplomático da Independência, obtinha a legitimidade externa mediante promessas abolicionistas, e a interna mediante garantias à continuidade da escravidão.[11] Em resumo, o país constituíra-se numa formação *sui generis*, com questões práticas e ideológico-morais próprias, de imensa relevância, nas quais a atualidade mundial expunha alguns de seus segredos e se podia problematizar por sua vez.[12] É claro que não se tratou aqui de escrever uma história do Brasil, mas de expor com brevidade o travejamento contraditório da experiência que seria figurada e investigada pela literatura de um grande autor.

Reatando com a prosa do *Brás Cubas*, vejamos que a sua forma reproduz implicações estruturais do quadro histórico acima. Faz parte da volubilidade, como a descrevemos, o consumo acelerado e sumário de posturas, ideias, convicções, maneiras literárias etc., logo abandonadas por outras, e portanto desqualificadas. O movimento recorre ao estoque das aparências esclarecidas, através do qual, no limite, destrata a *totalidade* das luzes contemporâneas, as quais subordina a um princípio contrário ao delas, que em consequência ficam privadas de credibilidade. Trata-se do movimento mesmo que a História permitia ou impu-

---

[10] *Idem*, pp. 408 e 417.

[11] *Idem*, pp. 401-2.

[12] A propósito da colonização moderna, Marx observa que as realidades da colônia têm muito o que ensinar sobre a natureza *relativa* do trabalho livre na metrópole. *Das Kapital*, vol. I, cap. 25.

A matriz prática

nha à classe dominante brasileira tomada em bloco. Também esta devia visitar e absorver a cultura relevante do tempo, para patrioticamente aclimatá-la no país, ou seja, associá-la ao instituto da escravidão, cujo núcleo de dominação pessoal discricionária contudo zombava da pretensão civilizada e já não era sustentável de público. Ora, a legitimidade apoiada em razões de ser antagônicas é um fator de inquietação, de deslocamento interior e exterior permanentes, de desidentificação de si. Assim, feita abstração das condicionantes históricas, estão aí as consequências, os traços que ficam em comum. Por exemplo, a combinação insólita de avidez e indiferença de fundo no tocante às novidades do espírito, bem como a rapidez e abrangência das viravoltas, além dos efeitos de desmoralização generalizada. De outro ângulo observemos que a volubilidade inclui sempre algum tipo de *desrespeito*, e uma complementar *satisfação de amor-próprio*, tornando onipresentes no universo narrativo as notas do *inadmissível* e da *afronta*. Os mesmos termos e o mesmo ordenamento heterodoxo haviam sido firmados, no mundo prático, pela vantajosa articulação escravista de nossa elite liberal, com seu corolário de ilegalidade respeitável e bem-pensante. Por fim, havíamos sugerido que as vertiginosas trocas na maneira de ser do narrador pressupunham os recursos intelectuais e estilísticos das Luzes. Neste sentido elas chegavam *depois*, e se colocavam *adiante*. Uma a uma as transgressões de Brás Cubas — documentos de sua "supremacia" — assinalavam a impotência da posição esclarecida e a passavam para trás. Por outro lado ficou visto igualmente que a conduta volúvel está sempre *aquém*, denotando um estádio *anterior*, de primitivismo risível para espíritos adiantados. Noutras palavras, o movimento da volubilidade contém diagramas sequenciais opostos, avaliações contraditórias quanto à posição histórica da Razão, percebida simultaneamente como ultrapassada e inalcançada. No plano extra-artístico, o triunfo e o futuro promissor de modalidades sociais obsoletas, além de condenadas, implicava uma perplexidade de mesma ordem. Com risco de repetição, insistiremos ainda um pouco na ambivalência ideológica das elites brasileiras, um verdadeiro destino. Estas se queriam parte do Ocidente progressista e culto, naquela altura já francamente burguês (a norma), sem prejuízo de serem, na prática, e com igual autenticidade, membro beneficiário do último ou penúltimo grande sistema escravocrata do mesmo Ocidente (a infração). Ora, haveria problema em figurar simultaneamente como escravista e indivíduo esclarecido? Para quem cuidasse de coerência moral, a contradição seria embaraçosa. Contudo, uma vez que a realidade não obrigava a optar, por que abrir mão de vantagens evidentes? Coerência moral não seria outro nome para a incompreensão do movimento efetivo da vida? Valorização da norma e desprezo pela mesma eram da natureza do caso... Promovida por interesses de classes estáveis, ligados ao travejamento histórico da sociedade, a acomodação cotidiana entre acepções de convívio que segundo a ideologia europeia então dominante se diriam contraditórias engendrava e difundia pelo corpo social a oscilação de critério que estamos tratando de captar.

Assim, a vida brasileira impunha à consciência burguesa uma série de acrobacias que escandalizam e irritam o senso crítico. Sirva de exemplo um discurso parlamentar famoso, de Bernardo Pereira de Vasconcelos, segundo o qual, ao contrário do que se pensava, a África é que civilizaria o Brasil. Diante da surpresa dos colegas da Câmara, o estadista completava: "Sim, a civilização brasileira de lá veio, porque daquele continente veio o trabalhador robusto, o único que sob este céu [...] poderia ter produzido, como produziu, as riquezas que proporcionaram a nossos pais recursos para mandar seus filhos estudar nas academias e universidades da Europa, ali adquirirem os conhecimentos de todos os

A matriz prática

ramos do saber, os princípios da Filosofia do Direito, em geral, e do Direito Público Constitucional, que impulsionaram e apressaram a Independência e presidiram à organização consagrada na Constituição e noutras leis orgânicas, ao mesmo tempo fortalecendo a liberdade".[13]

Nestas circunstâncias, os amigos do progresso e da cultura podem ser inimigos da escravidão? Não deveriam ser amigos dela? Os inimigos da instituição nefanda não seriam também inimigos do Direito, da Constituição e da Liberdade? Ou melhor, além de infração, a infração é norma, e a norma, além de norma, é infração, *exatamente como na prosa machadiana*. Em suma, a defesa progressista do tráfico negreiro suscitava problemas ideológicos difíceis de resolver, e encarnava a parte de afetação e afronta que acompanha a vida das ideias nas sociedades escravistas modernas. A ambivalência tinha fundamento real, e Machado de Assis, conforme se verá, soube imaginar-lhe as virtualidades próximas e remotas.

O discurso de Bernardo de Vasconcelos assinalava o fundamento não liberal de nosso Liberalismo e convidava os parlamentares a entender o interesse que as classes voltadas para o progresso da civilização de fato tinham na barbárie, outro nome que o século XIX reservava ao regime escravista. A lucidez não suprimia, antes acentuava a contradição, remediável somente pela conivência dos favorecidos. Esta entretanto não era apanágio dos ricos, encontrando-se igualmente entre a gente modesta, que dependia dos primeiros através de formas diversas de clientelismo. Ou seja, sempre tendo em vista a natureza do humor machadiano: os setores europeizantes da sociedade brasileira participavam sim da

---

[13] *Apud* Oliveira Lima, *O império brasileiro*, São Paulo, Melhoramentos, 1927, p. 142. O discurso é de 1843.

civilização burguesa, embora de modo peculiar, semidistanciado, que levava a invocá-la e descumpri-la alternada e indefinidamente.

A expansão do capricho nas *Memórias póstumas* é por assim dizer grandiosa. Virtualmente Brás lhe submete a totalidade dos assuntos e das formas, nada menos, o que, seja dito de passagem, requer invenção literária variada e em grande escala, sem a qual aquela sujeição não se concretizaria. Mas é certo também que, a despeito da superioridade de todos os momentos, o narrador faz figura sempre de inferior: algo nas suas vitórias não convence, e a série delas configura uma completa derrota. Como explicar a inversão, ou melhor, o efeito de superioridade e diminuição concomitantes? A volubilidade no caso é um valor relacional, que se concebe e processa referido ao padrão burguês da objetividade e da constância. Reconhece-lhe primazia, ao mesmo tempo que, para afirmar a primazia própria, o precisa desrespeitar. Reconhecimento e desconhecimento daquela disciplina são a lei deste movimento, refletido no jogo das conversões entre superioridade e inferioridade. Assim, embora em negativo, o espírito burguês é parte constituinte da volubilidade machadiana, cujas manifestações dependem dele até o detalhe. Apesar da carreira fulgurante, o capricho traz dentro de si o ponto de vista que o faz aparecer como deficiência, um tanto impalpável, mas notória. A falha se pode entender em registro metafísico (a precariedade do espírito humano "em geral"), e em termos de história contemporânea (como peculiaridade e sinal de atraso da sociedade brasileira). As duas leituras se impõem, e melhor que preferir uma delas é interpretar a sua coexistência, o que depende da apreciação cuidadosa do movimento global do livro.

Do ângulo da composição literária, aquele efeito simultâneo de domínio e desprestígio tem a ver com o refluxo da vida narrada sobre a voz que a está narrando. À medida que a leitura

A matriz prática

avança, nos familiarizamos — em ato — com o ritmo e a abrangência da imaginação de Brás (a *superioridade*). Ao mesmo tempo, no plano das anedotas que lhe compõem o mundo, multiplicam-se os casos de desarranjo mental, próprios e alheios. Já nas primeiras páginas aparecem o delírio, a ideia fixa da fama, a mania genealógica, a mentira acompanhada de convicção etc., configurando um campo de maluquices rotuladas, a que a volubilidade do memorialista — ela própria um modo desmedido de contar vantagem — se integra com naturalidade, como uma instância a mais (a *diminuição*). Na mesma linha, existe parentesco entre a soberana liberdade de espírito de Brás, com metafísica e tudo, e o ambiente subalterno de falsificações genealógicas, emplastos milagrosos e necrológios interesseiros, que é seu e em que ele se compraz, ambiente circunscrito e desclassificado, de muito sabor localista, onde cabem perfeitamente as exibições de falsa cultura e o gosto fácil do narrador pela pseudofilosofia e pelo gênero apologal.[14] A unidade profunda do livro depende deste parentesco, o qual explica a polivalência, ou dúvida, que persegue a gesticulação narrativa das *Memórias*: elegância suprema, falta de compostura elementar, ilusão provinciana?

Assim, a volubilidade é uma feição geral a que nada escapa, sem prejuízo de ser igualmente uma tolice bem marcada, de efeito pitoresco, localista e *atrasado*. Ora ela funciona como substrato e verdade da conduta humana, contemporânea inclusive,

---

[14] Antonio Candido assinala a ligação entre o exibicionismo filosófico e o estado da cultura nacional. "Poder-se-ia dizer que ele [Machado de Assis] lisonjeava o público mediano, inclusive os críticos, dando-lhes o sentimento de que eram inteligentes a preço módico." Ver, do mesmo Autor, "Esquema de Machado de Assis", *in Vários escritos*, São Paulo, Duas Cidades, 1970, p. 19 (3ª edição, 1995, p. 22).

que só não reconhecem os insanos, ora como exemplo de conduta ilusória, um tanto primitiva, julgada sobre fundo de norma burguesa e utilizada como elemento de cor local e sátira. Esta incerteza de base, longe de ser um defeito, é um resultado artístico de primeira força, que dá a objetividade da forma a uma ambivalência ideológica inerente ao Brasil de seu tempo. O critério burguês, ilustrado e europeu, para o qual o capricho é uma fraqueza, não é mais nem menos real ou "nosso" que o critério emanado de nossas relações sociais não burguesas, em que o elemento de arbítrio pessoal sobressai, ponto de vista que por sua vez detecta e assinala a presença do capricho em toda parte, sobretudo na pretensa objetividade do outro, que o condena. Onde a superioridade, e que partido tomar? Calcadas no interesse prático de uma mesma classe social, tão ligada à regra burguesa quanto ao aspecto discricionário de escravidão e clientelismo, as duas apreciações existiam, tinham por si a caução de experiência e necessidade, e mais verdadeira que o antagonismo era a sua acomodação, incongruente e vantajosa, uma das marcas da inscrição "teratológica" do país na cena contemporânea. A forma, acompanhando neste ponto o cotidiano das classes dominantes, não trata de dramatizar e levar ao desfecho — que seria irreal — a oposição entre aqueles pontos de vista. Mas vai além, na medida em que os faz coexistir e revezar em espaço ultraexíguo, com ânimo sistemático, sublinhando e apurando os efeitos desencontrados do seu convívio. Resulta uma alternância com muito alcance brasileiro e satírico, onde a inconsistência de critério, ou melhor, a dualidade das medidas figura como realidade permanente e inexorável, prova simultânea de inferioridade e superioridade que contextualiza na íntegra as matérias do romance. Para complicar, note-se ainda que a estilização machadiana da preeminência local do capricho se faz segundo o modelo literário da *whimsicality* inglesa...

A matriz prática

Noutras palavras, a volubilidade de Brás Cubas é um mecanismo narrativo em que está implicada uma problemática nacional. Esta acompanha os passos do livro, que têm nela o seu contexto imediato, ainda quando não é explicitada ou mesmo visada. Cria-se um efeito de complexidade tácita, presente em todos os momentos, mesmo os aparentemente singelos, que é um fato de composição e, naturalmente, um trunfo da prosa de ficção machadiana. *São propriedades por assim dizer automáticas de um dispositivo literário, que fala linguagem própria, e pode ser estudado como que em abstrato.* Ou, dizendo a mesma coisa de outro modo, trata-se dos conteúdos da própria forma de prosa, presenças ubíquas e não temáticas, independentes até certo ponto das vicissitudes da ação, às quais no entanto respondem, compondo com elas um acorde de ressonância histórica e nacional profunda. Quando no famoso ensaio sobre o "Instinto de nacionalidade" (1873) Machado preferia ao localismo pitoresco o sentimento íntimo do tempo e do país suponho que tivesse em mente algo desta ordem mais impalpável, formulando o problema a que a prosa do *Brás Cubas* sete anos depois daria solução.[15] Vejamos no detalhe algumas projeções deste padrão narrativo, cuja articulação interna pode ser lida como transcrição e exposição de um destino histórico.

---

[15] Machado de Assis, "Notícia da atual literatura brasileira: instinto de nacionalidade", *OC*, vol. III, Rio de Janeiro, Aguilar, 1959, p. 817.

4. Implicações da prosa

A mudança inopinada e repetida no caráter do narrador forma a célula elementar do dispositivo literário — a volubilidade — que estamos estudando. Para o seu sujeito, no caso, o salto de uma personificação a outra comporta três satisfações ou "supremacias". Uma liga-se ao gosto pela novidade; outra ao abandono seco do modo de ser prévio; e a terceira à inferiorização do leitor, desnorteado e inevitavelmente em sintonia com a figura "velha", anterior, que acaba de cair. Com a repetição do ciclo, a novidade promissora deixa de ser tal e vai-se juntar às posições relegadas, cujo peso relativo cresce, depreciando por seu turno as novidades futuras, que apesar do imprevisto aparecerão já em qualidade de descartáveis. Desacreditado, o prestígio do novo se nivela em esterilidade aos outros dois prazeres, e o movimento fica sem justificação alguma fora dos instantes de superioridade subjetiva e inaceitável que proporciona. Nem por isso deixa de engolfar, na medida de suas possibilidades, o universo inteiro.

Entre as satisfações de Brás e as aparências que ele adota e logo põe de lado a relação de conteúdo é sumária. A indiferença escarninha a esse respeito é o essencial da superioridade em questão. Assim, a cada satisfação corresponde, no plano da figura que o narrador nem bem se havia dado, e de que agora se livra, a cessação e frustração de um dinamismo. Por exemplo, como continuaria o conflito X, finamente exposto em prosa analítica? entra em cena a prosa alegórica e fica devendo a resposta, com bom efeito cômico. No mesmo espírito de inconsequência "efeitista", a finalidade espontânea que move o narrador não leva adiante nem aprofunda as situações em que está inscrita: seu tempo é menor, seu horizonte é mais acanhado, sua substância é mais simples, desproporção que faz rir, pelo pecado contra a realidade e pelo que indica de conduta irresponsável. Trata-se afinal de contas da urgência apenas subjetiva de reconfirmar um poder, cuja substância é o descompromisso. A solução, monotonamente a mesma, está padronizada numa operação técnica: o abandono arbitrário de uma posição por outra. A matéria deste movimento é oferecida ao romance pela história contemporânea, a que o capricho se sobrepõe, ou também, a que impõe o seu dinamismo primário. O efeito é violentamente *reducionista*. Insuficiência e insatisfação fazem parte da ideia mesma deste movimento.

Generalizando, o instante espirituoso, aquele que sem descanso a narrativa procura produzir e renovar, está na interrupção. É através desta que o narrador busca reconhecimento, e é nela — uma espécie de vitória — que se completa o seu movimento subjetivo. Noutras palavras, satisfação subjetiva e frustração objetiva estão ligadas sistematicamente no andamento da forma. Os segmentos breves e os contrastes vivos, em que a descontinuação está patente, são a regra formal e uma necessidade artística.

A descontinuidade no caso estende-se às esferas objetiva e subjetiva sem distinção, pois uma vez que a superioridade do narrador está em se desobrigar, a continuidade não lhe parecerá menos intolerável no seu modo pessoal de ser que no plano dos assuntos. As inúmeras e variadíssimas interrupções e autointerrupções que povoam as *Memórias* são expressão desta necessidade, e de fato universalizam a segmentação.

Implicações da prosa

Fazem exceção aparentemente, por serem completas em si mesmas, as anedotas, teorizações cômicas e historietas semialegóricas espalhadas pelo livro. Contudo, tratando-se de passagens intercaladas, a sua presença constitui ela própria uma interrupção. E se lhes examinarmos o teor, veremos que ilustram justamente o triunfo da veleidade, da inaptidão para o real, além de serem breves, não terem continuação direta, e servirem brilhantemente à necessidade de brilho de Brás Cubas. Seja no plano da forma, através das interrupções, seja no plano do conteúdo, através de anedotas e apólogos sobre a vaidade humana, a experiência visada não muda. Observemos enfim que apólogos, anedotas, vinhetas, charadas, caricaturas, tipos inesquecíveis etc. — modalidades curtas, em que Machado carrega a tinta na maestria — são formas fechadas em si mesmas, e neste sentido matéria romanesca de segunda classe, estranha à exigência de movimento global própria ao grande romance oitocentista. É certo que são retemperadas pela sintonia com os motivos do narrador, a qual lhes assegura funcionalidade de conjunto nas *Memórias*, mas nem por isto perdem o seu outro lado, de gênero fácil e chamativo, com alguma coisa comercial, ligada à exibição de virtuosismo elementar. Curiosamente o rigor sem falha com que Machado dobrou a forma do romance realista aos imperativos da volubilidade, rigor em que a parte da amargura e da descrença em face da sociedade contemporânea é grande, deu margem por sua vez ao aproveitamento de formas bonachonas e bem aceitas de espelhamento social, num espírito que não desdiz da *Moreninha* de Macedo ou da crônica jornalística da época, o que terá facilitado o êxito a um escritor tão estranho.

Retomando o fio, digamos que a notação da realidade contingente, própria ao romance como forma, não tem sequência, ou melhor, não frutifica. A todo momento a narrativa a interrompe e transforma em trampolim para um movimento de satisfação subjetiva, que pode ser do narrador, das personagens ou do leitor, e se realiza *à custa do real*. Por sua repetição regular, que facilmente se percebe na diversidade das circunstâncias, sobre a qual prevalece, este movimento adquire visos de metafísica, em que o pormenor realista vê desativado o seu vetor histórico ou psicológico e serve como alegoria de uma verdade superior, ou de uma abstração surrada: transparece a figura *universal* do espírito humano, eternamente incapaz de se ater a realidade e razão, sempre pronto a fugir para o imaginário.

Os reflexos deste arranjo são muitos. Se o capricho é a disposição imutável do ser humano, a pluralidade dos episódios e a anotação exterior muito diversificada são supérfluas, conclusão aliás que encontra apoio no romance, que por momentos parece dizer "sempre a mesma coisa... sempre a mesma coisa...".[1] De outro lado, por ser desnecessária, a empiria abundante está ela mesma sob o signo do gratuito, ou do capricho, de que ela é não só retrato, como presença efetiva. Neste sentido, que não suprime as reservas anteriores, a redundância é irritantemente funcional. E mais, se é certo que a versatilidade do narrador, uma vez universalizada, dispensa a multidão de situações, ideias e estilos que nada acrescentam a seu conceito, o movimento inverso também ocorre, e a profusão das circunstâncias desqualifica por sua vez a explicitação universalista da volubilidade, fazendo que ela funcione como racionalização risível de interesses sociais e psicológicos particulares.

Das muitas mudanças emerge uma constante, que está para elas como o essencial para o ilusório. Ocorre que entre as variadas atitudes de Brás há uma, das mais recorrentes, que diz isto mesmo, e mal ou bem parece formular a verdade do movimen-

---

[1] *MPBC*, p. 126.

to. Trata-se da atitude filosófica, ou filosofante, que enuncia generalidades sobre o humano em forma sentenciosa ou apologal. Os tópicos são a constância da inconstância e a universalidade do egocentrismo. Não obstante, apesar de unificada pela postura reflexiva, esta atitude tampouco é homogênea: nutre-se de *Eclesiastes*, moralistas franceses, materialismo setecentista, universalismo liberal, cientificismo oitocentista e filosofias do inconsciente. São horizontes incompatíveis, cuja pluralidade é básica para compor o ambiente problemático-apalhaçado do livro, como adiante se verá. Por agora retenhamos que o universalismo é suscitado em ato e a todo instante pelo movimento narrativo, além de ser glosado espaçada mas regularmente em registro "filosófico", donde a sua presença consolidada, em dissonância acentuada com a variedade e o poder sugestivo da empiria.

Os polos deste desacordo são maneiras literárias e ideológicas estáveis, além de cômicas: o detalhe cotidiano sem função realista, isto é, sem continuidade no plano da intriga; e o universalismo sem função crítica, ou com função especiosa. Cada um à sua maneira, asseguram o primado do inócuo, a saber, respectivamente, a presença costumeira e as generalidades chochas. O conjunto designa em profundidade uma experiência histórica real. Machado tinha presente o sentido tacanho e conservador daquela alternativa, bem como a sua dimensão brasileira, tanto que na "Teoria do medalhão", chave de seu estilo satírico da maturidade, um candidato a figurão nacional ouve uma preleção completa a respeito. Conforme o mestre, a maneira infalível de não dizer nada e evitar controvérsia é limitar-se, de um lado, aos "negócios miúdos", e, de outro, "à metafísica", extremos complementares, de nulidade igual.[2] E de fato, a conversa miúda e as gran-

---

[2] *OC*, vol. II, p. 293.

des abstrações formam na prosa machadiana uma inseparável dupla de comédia, como o Gordo e o Magro do cinema, indicando o descompasso — uma fatalidade local do pensamento, em vigor até hoje — entre a realidade familiar e o pensamento com mais voo. Anote-se contudo uma inversão de papéis, interessante do ponto de vista da evolução literária: a empiria observada troca a sua virtualidade realista pela função alegórica, trabalhando para uma figura genérica do espírito humano, ao passo que a abstração incaracterística é examinada nos vários ângulos de sua inserção prática, acumulando dimensões sociais. A matéria local é suporte de uma perspectiva universalista, enquanto o universalismo, sendo permeável a interesses circunstanciais, os quais passa a expressar, particulariza uma dinâmica histórica e funciona como ideologia.

Por definição, a vitória do capricho é a derrota da subjetividade em sua acepção burguesa exigente, que pesa sobre aquela como um remorso: em busca de satisfação imaginária imediata, narrador, personagem ou leitor abrem mão do relacionamento externo ou interno que em dado momento *é o seu*. Com efeito, transformada em regra, a volubilidade impossibilita a consequência nos atos e nas ideias, sem a qual a força subjetiva, que está no trabalho de transformar e transformar-se, não existe, como não existe também a dialética entre indivíduo e sociedade, já que a consciência individual não chega a se configurar como potência efetiva. Em plena era individualista, é uma abdicação de monta, ideologicamente crucial. A série dos seus efeitos literários — poderosos e profundos, sem nenhum exagero — dá a medida de seu alcance.

Comecemos pela discrepância entre a ideia que a volubilidade faz de si e o retrato que resulta da apreciação global de sua dinâmica. Passo a passo assistimos a um espetáculo onde o capricho impõe o selo da própria liberdade, ou do arbítrio, ao que parece ser a necessidade: o acento está no primado do espírito sobre as circunstâncias. A impressão deixada pelo conjunto porém é totalmente outra. O movimento da volubilidade conforma-se a um princípio repetitivo e simples, passível inclusive — humilhação das humilhações para a consciência — de explicação mecânica (Brás Cubas arrisca várias teorias nesta direção). Onde parecia reinar o capricho manda a causalidade, a diversidade não chega a encobrir a monotonia, e a chave para a interioridade prova ser um mecanismo singelo, aliás em versão grotescamente cientificista. A recusa dos condicionamentos afirmados por positivismo, naturalismo etc. não passa de uma bravata e só faz aprofundar o triunfo do determinismo. Na mesma linha, note-se que, não sendo produzido pelo enfrentamento entre posições, mas pela necessidade premente de substituí-las, o movimento do narrador é infinito, ou, por outra, interminável. Não se pode dizer que avance, e muito menos que conclua; repete-se e, no máximo, se desgasta, libérrimo em aparência, compulsivo de fato, o cansaço sendo o seu único resultado autêntico e a sua verdadeira lição. Uma a uma, as trocas que o constituem são lances espirituosos, pelos contrastes de estilo e posição em que implicam, mas o processo no seu todo é apagado e desolador. Que quadro é este em que superioridade, malícia, iniciativa constante, nitidez nos propósitos e nos movimentos produzem a impressão de inferioridade, impotência, inércia, falta de sentido etc.?

De outro ângulo, acumulando os efeitos invertidos ou desencontrados, digamos que há movimento e finalidade no polo subjetivo, onde reinam a repetição e, através dela, a estática (o moto-contínuo dos caprichos de Brás, sempre iguais a si mesmos), enquanto no espaço social não se nota tendência nem lógica. Aqui a impressão é de acaso e pouca articulação, sem prejuízo de o lado substantivo ser este, por oposição à frivolidade do outro: move-se o secundário, embora sem ir a parte alguma, ao passo que o essencial está parado, dando uma agudíssima sensação de vida insignificante.

Algo paralelo se produz no tecido da prosa. Do ponto de vista artístico, a volubilidade resultará tanto mais destacada e vertiginosa quanto mais definidas e breves foram as suas várias figuras. Daí a busca estilística de valores desiguais quanto à exigência, e até conflitivos, mas unidos no gênio da fórmula, tais como o essencial, o requintado, o fácil, o famoso, o corrente, valores que só em função da norma estética barateada podem coabitar. A proximidade com o epigrama, o lugar-comum ou o trecho de antologia constitui mais outra provocação, quando não for motivo de aplauso. É uma escrita sobretudo faceira, supondo procedimentos heterogêneos, tais como a exploração analítica e ousada dos assuntos, a coleta de frases feitas e citações ilustres, que venham ou não ao caso, a cunhagem de expressões enxutas, de timbre oficial e clássico, a ideação escarninha de deslizes intelectuais, morais e estéticos, guardadas sempre as aparências de compostura — um trabalho, em suma, que pode ser engenhoso, de que no entanto o disparate é um ingrediente essencial. Os resultados funcionam como apoios fixos e permitem mobilidade acelerada à prosa, com o correspondente simulacro de domínio. Assim, além de tolher pelo seu movimento — segmentador — o movimento virtual da matéria que utiliza, o narrador a traz em forma terminada, limpa do atrito entre pensamento e experiência, sem as marcas de seu processo originário, "perfeição" produzida entretanto segundo um critério rebaixado, que a nota fixa de futilidade comenta e põe nos devidos termos.

O escândalo das *Memórias* está em sujeitar a civilização moderna à volubilidade. Os assuntos podem ser os mais diversos, mas o efeito da prosa é este. Insistimos na oscilação valorativa que resulta daí, sobretudo na conversão da supremacia em diminuição. Não custa lembrar também a virada contrária: por exemplo, se a prosa volúvel faz rir o leitor, pelo que sugere de incapacidade para esforços longos ou satisfações diferidas, ela faz rir igualmente dos próprios esforços longos, já que, em contraste com eles, a volubilidade ao menos busca e obtém satisfação a todo momento, ainda que imaginária. Rimos aqui nada menos que das aquisições do Ocidente moderno. O móvel da volubilidade é imediato e personalista. Seu primado impede que a norma burguesa vigore, embora não a prive de prestígio. Este é indispensável à ideia civilizada que a volubilidade machadiana faz de si, também para mostrar aos outros. Um singular estatuto — prestígio sim, mas não vigência — que rege a esfera das ideias nas *Memórias*, e é efeito direto da forma narrativa. Em páginas anteriores tratei de sugerir que a vida ideológica brasileira obedecia a uma regra comparável, determinada pela estrutura social do país. Se não erramos, Machado elaborava um procedimento literário cuja constituição objetiva punha a vida do espírito em coordenadas compatíveis com a realidade nacional, independentemente de convicções a respeito desta ou daquela doutrina. O fundamento da justeza histórica não está, no caso, em opiniões, mas na solução técnica que é o contexto delas. A justeza mimética passou a ser efeito do rigor construtivo.[3]

Volubilidade, em abstrato, é o oposto de constância. Neste plano acaciano ela não é boa nem má, pois os homens podem ser felizes e infelizes sendo constantes ou volúveis, e nunca são

---

[3] Sobre a dialética de mimese e construção, Th. W. Adorno, *Aesthetische Theorie*, in *Gesammelte Schriften*, vol. VII, Frankfurt/M., Suhrkamp, 1970, pp. 72-4.

uma coisa só. O volúvel Brás Cubas entretanto desde a primeira linha do romance vai sentar-se no banco dos réus, verdade que para rir do leitor. Não quer defender a volubilidade, que de fato é culpada, mas evidenciar a impotência de seus adversários, e gozar da própria impunidade. Qual a natureza desta? Para responder adequadamente é preciso deixar a esfera da prosa-sem-mais, a que nos limitamos até aqui, e tomar a personagem narradora no contexto de suas relações, isto é, passar ao âmbito da situação, da sequência efetiva, da trama, e com ele à parte seguinte do livro. Não, é claro, que este último se divida entre capítulos de escrita sem assunto e outros de fábula, sem embargo de a separação ter algum fundamento, conforme se verá.

Em sentido convencional, a intriga começa no capítulo X, com o nascimento do protagonista, e vai mais ou menos linearmente até a morte deste, que fica no capítulo posterior ao último, isto é, no primeiro, o que é outro exemplo de troça. As observações que viemos fazendo descrevem sobretudo a parte inicial (caps. I-IX), interregno em que Brás, forçando o paradoxo, já morreu, ainda não nasceu, e fala ao leitor do alto da eternidade. Aqui o arbítrio e a afronta à verossimilhança reinam incontrastados, e o universo está totalmente sujeitado aos arrancos da consciência do defunto, que não sofre os constrangimentos cronológicos e causais que em seguida a forma biográfica lhe vai impor nalguma medida. Deste ponto de vista, aliás, a primeira parte toda ela pode ser tomada como uma longa brincadeira de mau gosto, destinada a atrasar o começo do romance propriamente dito ("Não esteja daí a torcer-me o nariz, só porque ainda não chegamos à parte narrativa destas memórias").[4] A volubilidade funciona a todo vapor, pois é sobretudo princípio formal; ao passo

---

[4] *MPBC*, pp. 115-6.

Implicações da prosa

que nas partes seguintes será sobretudo motivação de personagens, ou conteúdo. Nem por isso ela desaparecerá, mas a diferença é notória, e faz eco à descontinuidade estilística entre os dois parágrafos de abertura, que comentamos muitas páginas atrás. No plano da composição, por assim dizer musicalmente, o emaranhado de marchas e contramarchas em tempo, espaço e assuntos — a barragem digressiva inicial — será seguido de uma linha narrativa delgada, ainda que sinuosa e interrompida. É certo que atrasar o início da ação não deixa de ser um modo de a introduzir e fazer esperar. Que quer dizer esta sequência?

Amigo de paradoxos, Brás Cubas começa as suas *Memórias* pelo fim, o que a seu ver se explica, já que a "campa" do cidadão foi o "berço" do romancista. Esta hipótese do "defunto autor" foi levada a sério por alguns críticos, que deduziram dela a estrutura do romance. Logo iremos aos argumentos. Para quem não crê neles, fica a pergunta: a que vêm estes nove capítulos erráticos e sem ação, em que a volubilidade exibe o seu efeito desagregador? Digamos que muito em abstrato estabelecem a ambiência espiritual rebaixada — tipos de poder, motivos reais, contradições — sem a qual a vida do herói e as anedotas da vida brasileira, a substância dos acontecimentos, seriam insuficiência artística ou "empulhação", para usar uma noção cara ao romancista ("Tudo! meu amigo, tudo! menos viver como um perpétuo empulhado!").[5] Neste sentido servem de preâmbulo indispensável. Monotonia, degradação, truncamento, desperdício, dissonância, esterilidade etc., não são presenças fortuitas, conforme tratamos de mostrar, mas efeitos salientes e estabilizados do movimento da prosa. Formam a resultante do festival de caprichos que ocupa o

---

[5] Relatado por Araripe Júnior, *Obra crítica*, vol. IV, Rio de Janeiro, Casa de Rui Barbosa, 1966, p. 282.

primeiro plano, ou, por outra, estatuem os mínimos de consistência e realismo necessários para bem situar as figuras e situações que irão povoar o romance e com as quais compõem o equivalente machadiano da realidade. As figuras e situações não eram novas, pois andavam pela ficção de Martins Pena, Macedo, Manuel Antônio de Almeida e Alencar, bem como pelo humorismo jornalístico do período. Mas agora, mediante estes exercícios de futilidade escarninha, ganham altura de grande arte.

O espírito irreverente das *Memórias*, e sobretudo a disposição para o estrago, até hoje confundem. O próprio Brás Cubas glosa este seu tom, e o atribui ao descompromisso dos defuntos. "Mas na morte, que diferença! que desabafo! que liberdade! [...] Senhores vivos, não há nada tão incomensurável como o desdém dos finados."[6] A indicação foi aceita pela crítica, fazendo que as formulações mais livres e ousadas pertençam ao morto, que já não tem o que temer, ao passo que a pequenez pertence aos vivos, envolvidos nos constrangimentos da vida real.

Apesar da autoridade do avalista-narrador, que é nenhuma, esta perspectiva não leva longe. a) Ela desconhece o que há de farsa na situação, e em lugar de sua impertinência, que é parte de um relacionamento mundano e incréu, põe o contraste incaracterístico e "grave" entre vida e morte, uma daquelas generalidades metafísicas recomendadas na "Teoria do medalhão". b) Não vê que também os vivos têm momentos "absolutos" de fastio, desilusão, crueldade etc., e que neste ponto não se distinguem do narrador morto. c) Oculta o principal, a saber, que o Brás Cubas "desafrontado da brevidade do século"[7] é tão mesquinho e perseguido por vaidades sociais quanto a mais lamentável de

---

[6] *MPBC*, p. 156.
[7] *MPBC*, p. 117.

Implicações da prosa

suas personagens, o que está claro desde a primeira página, onde ele se resigna mal ao número diminuto dos presentes a seu enterro. A comédia está justamente nas paixões terrenas do vivíssimo defunto.

Noutras palavras, o revezamento e a contaminação mútua dos registros da metafísica e da conversa de tico-tico não caracterizam somente o narrador, mas *todas* as personagens da história. A unidade do livro funda-se nesta semelhança generalizada, sem prejuízo de diferenças no tom, que existem. A identidade não é menos meticulosamente preparada que o contraste: já no segundo parágrafo ouvimos o necrológio de Brás, obra de amigo, e que no entanto podia ser dele mesmo, pela ostentação sardônica de engenho retórico. Logo adiante, no capítulo III, a paixão genealógica de Cubas pai é uma "pacholice" — "mas quem não é um pouco pachola neste mundo?" — que não difere em substância das variadas veleidades do filho, que pouco antes se gabara, por exemplo, já como defunto, das preferências de uma senhora casada. Está aí, em movimento palpável, a universalização da volubilidade, sem privilégio para a voz narrativa. Digamos então que existem e convivem no romance dois registros literários, um de grande porte intelectual, outro mais acanhado, *manifestações ambos da mesma ordem de experiência, da mesma busca de primazia*, e que a superioridade do primeiro é atribuída por Brás Cubas à franqueza dos mortos. A distância e a proximidade entre os dois, a sua alternância, a respiração e o *modus vivendi* que estabelecem — conjunções desabusadas, cuja verdade entretanto é arrebatadora — são feitos notáveis de arquitetura e orquestração narrativa. Cabe à crítica interpretar estes ritmos. Atribuir a dualidade à distinção entre a vida e a morte não é uma solução, mas um artifício, o que aliás é a sua graça.

A volubilidade inicialmente nos apareceu como a feição mais saliente do narrador; seria um traço subjetivo, uma disposição passageira, corrigida logo adiante? Vimos que não: ela é o pendor permanente de todos; designaria, neste caso, uma insuficiência metafísica do ser humano. Por outro lado, não lhe faltam também as conotações de cor local, mais genéricas do que uma propensão de fulano ou beltrano, mas nem por isso universais; nesta acepção, ela seria o indício distintivo de uma sociedade entre outras. Acompanhada em seu andamento, a prosa cauciona as três perspectivas: a volubilidade é condição humana, é feição pessoal e é característica brasileira. Conforme domine esta ou aquela, o tom é absoluto, como convém às verdades últimas; engraçado, caso retrate um defeito individual; e satírico, se designa um modo de ser nacional. Vai nisso um problema lógico, pois o mesmo atributo tanto individualiza como universaliza: a volubilidade é Brás Cubas? é todo mundo? é o Brasil? Artisticamente a indefinição pouco atrapalha, sendo antes um elemento de humorismo e diversidade de timbres, que contrastam, mas por alguma razão não se desdizem. Talvez porque a oposição verdadeira seja outra e se efetive através de qualquer um deles, ou dos três alternadamente, que neste sentido têm função de *ideologia*. Como tratarei de indicar, há uma quarta referência no livro, discreta e capital, expressa (mas não explicada) no gesto agressivo e iníquo da prosa. Para compreendê-la é preciso examinar os problemas da ação, quer dizer, da intriga e do sistema de relações sociais que lhe dá os motivos. O antagonismo de classe, em sua forma particular ao Brasil, é a chave do estilo que vimos estudando.

5. Feição social do narrador e da intriga

Embora muito solta, a forma do romance é biográfica, entremeada de digressões e episódios cariocas. Passam diante de nós as estações da vida de um brasileiro rico e desocupado: nascimento, o ambiente da primeira infância, estudos de Direito em Coimbra, amores de diferentes tipos, veleidades literárias, políticas, filosóficas, científicas, e por fim a morte. Estão ausentes do percurso o trabalho e qualquer forma de projeto consistente. A passagem de uma estação a outra se faz pelo fastio, imprimindo ao movimento a marca do privilégio de classe. As relações são *incivis* em sentido próprio, isto é, não se pautam pela igualdade moderna, que no entanto está postulada. A volubilidade de Brás aparece, noutras palavras, como o reverso da exclusão de trabalho ou empenho autêntico, e como extensão da iniquidade social.

Subordinado ao capricho, o elenco das finalidades-mestras da vida burguesa toma feição barateada, com alguma coisa de opereta. Assim, no lugar do Estudo temos alguns anos de folia em Portugal; no da Poesia, os ademanes literários de um viúvo recentíssimo; e no da Política, um discurso parlamentar sobre a conveniência de diminuir em duas polegadas as barretinas da Guarda Nacional, de modo a torná-las mais leves e maneiras. A Filosofia é representada por reflexões sociais inspiradas em brigas de cachorro, ao passo que a invenção do Emplasto Brás Cubas faz as vezes de Ciência e Livre Empresa. Cabe uma ressalva para o Amor, que não sai diminuído do romance, uma vez que o capricho não lhe contraria o natural: a performance amorosa do protagonista tem força e complexidade, ainda que, de um ponto de vista romântico, pareça lamentável. É como se nas circunstâncias brasileiras, caracterizadas no caso pela preeminência da volubilidade, fosse o amor a única forma disponível de plenitude, as outras manifestações do espírito ficando condenadas ao amesquinhamento.

O acento satírico sugere que ciência, política, filosofia etc. aqui não passam de afetação. Nem por isso deixam de ser presenças atuantes, indispensáveis à fisionomia da personagem, que não seria ela mesma se não ambicionasse glória, fortuna, saber e um ministério. O ridículo das pretensões expressa-lhes o deslocamento histórico, mas só em parte, pois Brás encarna perfeitamente o princípio da subjetividade moderna, que não acata limitações e se sabe intitulada à totalidade do que o mundo tem a oferecer de mais recente (no que o protagonista difere de um escravo, ou também de um agregado). Com seu expansionismo sem fronteiras a volubilidade traz ao romance a dinâmica antitradicional própria à sociedade contemporânea. Forçando um pouco a nota, digamos que Brás adapta a inquietação fáustica às condições locais. Por que não quereria *tudo* um burguês brasileiro? No caso, embora desrespeitoso de restrições, o espírito negador não agride as iniquidades consagradas pela História; mas, a julgar pela conduta do memorialista, é certo que livra a classe dominante da obrigação para com os dominados, dando-lhe latitude total à irresponsabilidade.

Qual o futuro de Brás? "Talvez naturalista, literato, arqueólogo, banqueiro, político ou até bispo, — bispo que fosse, — uma vez que fosse um cargo, uma preeminência, uma grande repu-

Feição social do narrador e da intriga

tação, uma posição superior."[1] A forma do romance romântico, ligada à autorrealização de um jovem e a seus percalços, está presente, porém esvaziada: a igualdade de apetite diante de primazias tão diversas, bem como a disposição de alcançá-las sem esforço, as desmerece todas. A distância cômica entre o emplasto e a ciência, entre a barretina e a política, é a mesma que separa o enredo vadio, sem tensão, do enredo com personagem valorosa e realizadora.[2] São versões do contraste — depreciativo — entre a sociedade carioca, figurada no primeiro termo destas comparações, e uma sociedade burguesa conforme o figurino, isto é, europeia, em que aquelas especialidades "profissionais" requerem carreira e disciplina específica, e não se reduzem a ornato. Entretanto, as "deficiências" de Brás não expressam apenas inferioridade (o que são, de um ponto de vista europeu), mas também a prerrogativa do contato com a civilização contemporânea (isto do ponto de vista brasileiro, seja das classes excluídas deste contato, seja das classes que gozam dele).

Comentando a prosa das *Memórias*, notávamos que a sua mola está na versatilidade, associada à busca de uma "supremacia qualquer", onde o "qualquer" desqualifica as supremacias todas a que se possa referir. Ora, no plano da fábula encontramos algo similar, exposto na conduta da personagem central, cuja posição e lógica sociais devem permitir à análise avançar um passo. Noutras palavras, a malversação do repertório de finalidades do Ocidente, finalidades necessárias à configuração da superiorida-

---

[1] *MPBC*, p. 150.

[2] Sobre a função dinamizadora e formal das personalidades de tipo "napoleônico" no romance realista europeu, ver G. Lukács, "Dostojewskij", *Werke*, vol. V, Neuwied, Luchterhand, 1964, e "Balzac als Kritiker Stendhals", *Werke*, vol. VI, 1965.

de pretendida, é efeito imediato do procedimento narrativo, e é consequência mediata do modo de vida de Brás Cubas, desenvolvido na dimensão — espaçosa por natureza — da biografia. O resultado no primeiro caso é agressivamente sumário; no segundo é mais explicado, comportando muita observação de realidade e verdadeiros perfis sintéticos do estilo cultural do país. *Digamos então que o enredo repete noutra escala e em câmara lenta o movimento que a prosa percorre aceleradamente e a todo instante.* A redundância, ou confirmação recíproca, é um arranjo decisivo. As peripécias estão imersas em seu desdobramento espiritual muito antes de o produzirem a partir delas mesmas, donde a impressão tão definitiva de falta de saída, de reincidência, de consciência no mal.

Mais que paralelismo sugestivo, trata-se de um *resultado*, em que confluem trabalhos de ordem muito díspar, tais como o preparo de um padrão de prosa — esforço por sua vez em muitas frentes — e o estudo aprofundado de pelo menos um tipo social. O curso biográfico deste último deixa entrever uma constante rítmica, a qual será fixada, abstraída e glosada. Fica então patente a afinidade com a cadência do procedimento narrativo, o que assegura ao romance a coesão (um fato estrutural) e a verossimilhança (um fato mimético), além da originalidade formal em sentido próprio, a saber: um arranjo engendrado a partir de circunstâncias históricas peculiares, que encontram nele a sua logicização e consequência não evidente.

A sucessão dos episódios é comandada pela volubilidade, e desprovida de necessidade interna. Não faltam desejos, que são vivazes, ao passo que inexiste a continuidade de propósitos, o que vai bem com a personagem central, e se explica, pois o limite do capricho é o fastio. Daí o enredo errático e frouxo, muito original a seu modo, a trama que não é retesada por conflitos, já que estes requerem alguma espécie de constância. A complexidade não

Feição social do narrador e da intriga

se prende ao desdobramento de contradições — desativadas pela inconstância do desejo — mas às sutilezas e aos ritmos da mudança inconsciente, do tédio, da deriva entre as estações da vida. São assuntos aliás que colocam as *Memórias póstumas* entre as anatomias modernas da vontade e da experiência do tempo, e à margem do território propriamente burguês, marcado pelos dilemas do projeto individual. Em suma, trata-se de um andamento sem núcleo dramático, mas repleto, ainda assim, de necessidades de percurso, já que *todos* os seus momentos estão sob o império do capricho, das personagens tanto quanto do narrador. Uma estranha conjunção, em que a vida é cheia de satisfações, e vazia de sentido; em que a lógica dos momentos, curta e monótona como o próprio capricho, sempre repetido, sublinha o caráter aleatório do conjunto; em que o ânimo vital da mediocridade é grande. Combinam-se linhas que a justiça poética não admite ver juntas e cuja desarmonia, agressivamente insatisfatória, está no centro da arte moderna. De golpe nos expomos à hipótese dissonante — e ateia — da vida que pode não ter sentido. *A beleza destes efeitos é essencialmente anticonvencional.*

Contudo, a despeito da descontinuidade da intriga, e da ausência de curva dramática, o romance tem a sua progressão. Algo como um movimento de movimentos, que forma sentido: um ritmo em que o interesse do narrador, das personagens, bem como do leitor, passa por ciclos constantemente renovados de animação e fastio, sendo que o conjunto desliza da vivacidade para a saciedade e a morte, tudo sempre aquém de um propósito durável. As *Memórias*, como os demais romances da maturidade de Machado, terminam em *nada*. Este pode ser entendido metafisicamente, ou, a meu ver com mais proveito, como ponto de chegada e conclusão, caso em que a análise se deve alimentar das experiências de que aquele nada final pretende ser a soma. (De passagem seja dito que alguns dos melhores livros brasileiros, notadamente *Macunaíma*, com a extraordinária tristeza de suas últimas páginas, encontraram um andamento análogo.) Os episódios ligam-se uns aos outros através de um denominador comum, muito sublinhado, que o leitor logo percebe e que faz rir: em lugar da continuidade ou dos desdobramentos de uma ação, a repetição regular e em formas várias de uma mesma e imutável insuficiência, própria da condição humana. Esta rapidamente se sobrepõe aos episódios, como sendo a essência deles e de quaisquer outros que possam ocorrer. A conclusão parece crítica, pois atrás da diversidade ilusória do cotidiano indica uma verdade constante, amarga de engolir. Para a leitura corrente está aí o essencial do livro e do pessimismo do Autor. Contudo, a conclusão é demasiado enfática e fácil para ponto de chegada de um romance acima de tudo escorregadiço. Abundantemente glosada em teorias, máximas e apólogos, que a tratam de interpretar das maneiras mais discrepantes, também ela é posta na berlinda. Longe de dar sossego, o absoluto vem a ser tão diverso e controvertido quanto a empiria, sendo ilusório por sua vez, o que naturalmente é um elemento de comédia. A crer naquelas explicações, a chave da volubilidade ora seria psicológica, ora mecânica, ora cristã, ora naturalista etc. Doutrinas incompatíveis, mas de funcionamento homogêneo, o que faz delas outras tantas ideologias, ou diferenças que não fazem diferença. Literariamente, isto é, tendo em vista o movimento da obra, a sua divergência conta menos que o elemento comum, que está no *universalismo* da formulação e em seu postulado, o homem abstrato, dito "em geral". Este sim é uma ideologia decisiva, de cujas propriedades a construção do livro depende.

Ocorre que a "condição humana" funciona diferenciadamente segundo as relações sociais em que se inscreva. As variações têm relevância extraordinária, a que se prende, conforme veremos, a riqueza realista do romance. Tomada como chave universal, a explicação pela volubilidade pertence à esfera do individualismo abstrato e encerra um *a priori* sociológico atomizador. Daí o caráter invariável de suas conclusões, que tornam irrelevante a particularidade da formação social e, mais especificamente, o antagonismo entre as classes. Vista em contexto, porém, aquela explicação atua em sentido inverso, e serve de revelador de assimetrias. Diante da desigualdade social, o argumento universalista é ele mesmo posto à prova, fazendo papel de escandalosa desconversa, tanto mais interessante quanto o seu ânimo é esclarecido. E com efeito, a atividade explicativa nas *Memórias* nunca é desinteressada: a satisfação que proporciona a seu sujeito é causa de uma nota *risonha*, ao passo que o seu papel especioso no relacionamento entre as classes é causa de uma nota *ignóbil*. A dimensão decisiva e tácita, e também a mais difícil de explicitar, é a segunda, sem prejuízo de as duas juntas comporem um acorde.

As ligações sociais que especificam a figura de Brás e através das quais ele se define vão surgindo ao acaso dos episódios. A despeito da forma descontínua, aparentemente desprovida de método, a coleção dos perfis é completa a seu modo, e deixa entrever uma disciplina ditada pelo conteúdo — os relacionamentos que a bem da verossimilhança externa e interna não podem faltar. Assim, no tocante aos *escravos* de que judia, Brás aparece como o *menino diabo*. Uma *agregada velha*, que não tem onde cair morta, encontrará nele o *protetor*, cheio de pensamentos escarninhos. À *moça pobre, filha ilegítima*, corresponde *o rapaz bem-nascido e aproveitador*. Um *cunhado negocista, ex-traficante de escravos*, tem nele *o parente compreensivo*, capaz de justificá-lo e até de intermediar fornecimentos à Marinha (uma roubalheira da época). Para a *menina casadoura*, cujo pai é *uma influência política*, Brás representa numa só pessoa o *noivo escolhido pela família* e o futuro *deputado*. E assim por diante.

Visto o conjunto, são situações (e vantagens) fundadas sobre escravidão e clientelismo, acompanhadas porém pela sombra — determinante — da norma burguesa oitocentista. Esta é que lhes dá a marca negativa, de coisa errada, causando o imbricamento de satisfação social e inviabilidade moral tão conhecido dos leitores de Machado. Noutras palavras, o impasse ideológico das elites brasileiras, discutido páginas atrás, está transcrito no arcabouço de personagens e episódios das *Memórias*. No livro como fora dele, a forma peculiar tomada pela vida do espírito expressava o desconforto e o deleite de participar da vida moderna sem renunciar aos benefícios da iniquidade, isto é, sem pagar tributo ao preceito da igualdade formal entre os homens.

Note-se ainda, a despeito da heterogeneidade, que todas as situações de nossa amostra vêm escudadas no sentimento familiar. Este lhes serve de atenuante e justificativa, naturalmente com resultado cômico. Quando quebra a cabeça de uma escrava, o Brasinho é *filho querido* de sua mãe e de seu pai; quando emite cinismos sobre a função social dos pobres, o jovem capitalista o faz como *protetor* de uma agregada; quando foge à modesta Eugênia, único bom sentimento de sua vida, será na qualidade de *moço de família importante*, com obrigações de carreira etc. Ao lado da norma liberal e com presença tão sistematizada quanto a dela, há aqui uma ideologia familista, calcada na parentela de tipo brasileiro, com seu sistema de obrigações filiais e paternais abarcando escravos, dependentes, compadres, afilhados e aliados, além dos parentes. Esta ideologia empresta familiaridade e decoro patriarcal ao conúbio difícil de relações escravistas, clientelistas e burguesas. À *condenação* liberal da sociedade brasileira, estridente e inócua, soma-se a sua *justificação* pela piedade do vínculo familiar, cuja hipocrisia é outra especialidade machadiana. Condenação e justificação contribuem igualmente para o concerto de vozes inaceitáveis em que consiste este romance.

Feição social do narrador e da intriga

Fica clara, assim, a intenção de sintetizar um tipo representativo da classe dominante brasileira através das relações que lhe são peculiares. Cabe ao enredo concretizá-las por meio de personificações e anedotas convenientes. Daí a presença de uma diversificada galeria de figuras sociais, necessária para que Brás tenha realidade. De outro ângulo, este leque de caracteres encerra um sistema de posições cujo vínculo com a organização econômico-política da propriedade no país é palpável. Assim, a pintura aprofundada de um tipo obriga à esquematização da correspondente estrutura histórica. Para dar vida ao protagonista foi preciso trazer à cena um elenco de personagens que em certo plano resumisse a sociedade nacional. Reciprocamente, diremos que Brás é expressão desta, o que, dada a ambiência metafísica e universalista em que ele se move, requer esclarecimentos. São observações que não valeria a pena fazer para um romance realista de feitio costumeiro, dada a obviedade. São mais oportunas em nosso caso, já que a técnica narrativa de primeiro plano, centrada na descontinuidade, monopoliza as atenções e apaga a vigência da estrutura social, que no entanto, como nos esforçamos por demonstrar, está construída e não deixa de exercer o seu poder de determinação, ainda que à distância.

A volubilidade de Brás Cubas surge na plenitude somente quando considerada no quadro das relações "inaceitáveis", por incivis, que a condicionam. Veja-se, para exemplo, o prazer escarninho com que o narrador desmancha no nascedouro as expectativas que cria: conta a morte antes da vida, a saciedade antes do amor, o fracasso antes da tentativa etc. etc. As contravenções desta espécie são numerosas e deliberadamente esterilizam o enredo. Em abstrato seriam modos de perturbar e afrontar a ordem convencionada. No contexto entretanto dizem mais, e em certa medida o contrário. São como que precauções narrativas para assegurar — a quem? — a *improdutividade do tempo*, que passa em vão e deixa tudo como estava. Trata-se de privar os conflitos de sua potencialidade aos olhos do leitor. A inversão das sequências desarma o dispositivo da curiosidade romanesca e lhe põe à mostra o mecanismo, com efeito anti-ilusionista, ou crítico, no plano da forma. A outra face da moeda contudo é anticrítica, já que o desrespeito à ordem narrativa se alinha com naturalidade entre as relações incivis e "inaceitáveis" mencionadas acima, as quais estetiza e prestigia. A conversão da lucidez em desrespeito à norma e estímulo ao exercício nu e cru do arbítrio é constante nas *Memórias*. O objeto patente deste arbítrio é a convenção literária, que no entanto funciona, conforme ficará mais claro adiante, como substituta da vítima real, que são os desvalidos.

Na mesma linha veja-se que não faltam à vida de Brás nem ao enredo os momentos onde a opção romântica — horizonte ideológico sempre presente — parece uma possibilidade de viravolta. Basta lembrar o entusiasmo pela glória dos estudos, o encantamento com a menina pobre e coxa, ou enfim o desejo de arrancar a bela Virgília ao casamento e viver com ela nalgum canto da Europa. Nenhum dos três ímpetos será levado adiante: rapidamente as folias de moço rico tomam o lugar do estudo; os pensamentos cínicos sobre a inutilidade dos humildes enxotam o sentimento espontâneo; e a acomodação num adultério prestigioso substitui a miragem da felicidade anônima no outro continente. Em nenhum caso o acento está na derrota da potencialidade individual ou no seu custo, como pediria o romantismo. Muito pelo contrário, está nos benefícios havidos em consequência, nas satisfações que aquelas veleidades derrotadas coibiriam e que a posição social e a inconsistência de Brás lhe permitem gozar. O interesse que leva o ricaço brasileiro a não abrir mão de nenhuma de suas vantagens mandava tanto beneficiar como descrer de liberalismo e romantismo, segundo as circunstâncias, donde um certo exercício anti-ilusionista, de feição cínica, exercício que as *Memórias* prolongam e requintam nas afrontas à convenção formal. Vimos o caráter sistemático destas afrontas, em cujas implicações o descompromisso da classe dominante brasileira para com os seus dependentes e também para com a própria norma burguesa se teatraliza e expõe radicalmente, até a última consequência, sem fugir a culminações abjetas.

Analogamente, em termos de intriga, digamos que natureza e posição da crise são insólitas: esta não tem caráter dramático, nem se prende ao momento da opção ideológico-moral, que está depreciado; vai aparecer mais adiante, na forma difusa do tédio, ligada justamente à *desnecessidade de optar*. O tema da autorrealização individual, com as tensões e definições que lhe correspondem, é relegado à condição de devaneio. Em seu lugar o enredo põe, como lei de movimento, a alternância entre agitação e melancolia, sofreguidão e inapetência, polos sem peripécia, indiferentes à finalidade da ação concreta: fica o indivíduo dispensado de sua função normativa, de portador do sentido da vida histórica. O romance não busca fixar a contradição, e muito menos a transformação, mas o progressivo desgaste no entusiasmo com que um parasita abocanha a sua parte nas vantagens da iniquidade social, cujo limite não está à vista. Contudo, Brás deixaria de ser ele mesmo se pudesse abrir mão de seu papel de personagem moderna e prócer da ciência, da filosofia, da política etc. A oscilação entre esta figura e a outra, de sócio beneficiário de um sistema injustificável de dominação, é o cerne de sua volubilidade. Assim, a verve narrativa configura aquele mesmo padrão que identificamos nas situações básicas do enredo, entre incivil e progressista, padrão de cujo provincianismo ou "atraso" entretanto ela se aparta pela elegância do voo e pela amplitude das referências. Que pensar desta supremacia? E se a infinita liberdade do defunto autor não pairasse acima da vicissitude dos vivos, como pretende, mas pelo contrário fosse uma ideologia em que esta encontrasse a sua expressão mais favorável? Voltamos enfim à comédia ideológica brasileira, em que as opções romântico-liberais e, no limite, o conjunto das ideias contemporâneas estavam disponíveis e gravitavam, segundo a regra que lhes impunha o fundamento escravista e clientelista do processo social.

O enredo das *Memórias* procura ancorar-se na história nacional, e também significá-la, através de referências ora explícitas, ora escondidas. Alguma coisa já ficou dita sobre correspondências estruturais. Entretanto não faltam relações de outra ordem mais direta. Seguiremos aqui a descoberta de John Gledson, que vem mostrando o papel que têm na ficção machadiana alguns episódios políticos destacados, tais como a Independência, a Abdicação de D. Pedro I, a Maioridade, a Conciliação do Marquês de Paraná, a Lei do Ventre Livre, a Abolição e a República. Segundo a indicação de Gledson, mais que simples localizações no tempo, as datas apontam as questões históricas a que as peripécias ficcionais e a composição dos caracteres tomam emprestada a substância.[3] No extremo, esta leitura transforma o romance em alegoria política. Sem chegar a tanto, veremos que as correspondências não faltam, injetando virtualidade alegórica nas personagens e buscando erguê-las acima da craveira irrelevante, ou doméstica, de seus conflitos.

De passagem, Gledson levanta uma boa pergunta: e se Brás fosse o Brasil, de que seu nome é a primeira sílaba?[4] A cronologia das *Memórias* é emaranhada, mas não confusa, e às vezes su-

---

[3] John Gledson, *Machado de Assis: ficção e história*, trad. brasileira de Sônia Coutinho, Rio de Janeiro, Paz e Terra, 1986, especialmente a "Introdução" e os capítulos sobre *Casa velha* e *Bons dias!*.

[4] *Idem*, p. 71.

gere esse tipo de aproximação. Uma vez que o crítico praticamente não escreveu sobre *Brás Cubas*, e seu ângulo de visão ajuda a nossa análise, tentaremos por conta própria alguns passos em sua linha. E de fato, basta atentar nas datas para que as inferências comecem a chover. Assim, o protagonista nasce em 1805, nos últimos anos da Colônia. A sua educação, em que aprende a não conhecer normas e obedecer só ao próprio capricho, cai no tempo do Rei Velho.[5] Seu primeiro *cativeiro* — uma paixão "impura", por uma espanhola de vida alegre — coincide com os festejos da *Independência*, paradoxo que não é fortuito. "Éramos dois rapazes, o povo e eu; vínhamos da infância, com todos os arrebatamentos da juventude." O paralelo entre o "amanhecer da alma pública" e as "primeiras auroras" de Brás, devidas estas a uma dama de maus costumes, tem muita poesia e intenção de chocar.[6] Não é a única profanação neste episódio, e quem se disponha a fazer contas encontrará outras. Basta lembrar que Brás gastou "trinta dias para ir do Rossio Grande [local dos festejos e do primeiro encontro] ao coração de Marcela", o que nos leva a outubro de 1822, já que a Independência é de setembro. Lembremos ainda o célebre "Marcela amou-me durante quinze meses e onze contos de réis",[7] e chegaremos a março de 1824, quando no mundo externo Dom Pedro I outorga a sua Constituição, encerrando a aventura liberal da primeira Constituinte, cujo modelo mais comentado havia sido a carta *espanhola*.[8] Mas então a

---

[5] *MPBC*, capítulos IX-XIII

[6] *MPBC*, cap. XIV.

[7] *MPBC*, cap. XVII.

[8] Octavio Tarquinio de Sousa, *A vida de D. Pedro I*, tomo I, Rio de Janeiro, José Olympio, 1957, pp. 240 ss.

Constituição e os folguedos com Marcela...? o risco de arbitrariedade nesse tipo de decifração naturalmente é grande. Há também a tentação de deixar a análise formal pela caçada às alusões históricas, ou, de outro ângulo, o risco de preferir as *intenções* do Autor ao resultado efetivamente artístico, isto é, transfigurado pela organização ficcional. Por mais que a aproximação esteja insinuada, que dizem uma da outra Marcela e a Constituição? pouca coisa. Ainda assim, questões de eficácia literária à parte, a charada histórica é uma presença importante na obra machadiana, como os estudos de Gledson vêm demonstrando, e é imprescindível levá-la em conta, sob pena de desconhecer a razão de grande número de pormenores. Com certeza indica o intuito de comentar a história nacional em chave inconformista, ainda que prudentemente cifrada e reservada ao pequeno número dos leitores atentos ou iniciados.

Interrompidos à força os amores com Marcela, Brás vai à Europa, embeber-se da cultura do tempo. São anos de "romantismo prático e liberalismo teórico", vividos "na pura fé dos olhos pretos e das constituições escritas",[9] durante os quais a personagem colhe "de todas as cousas a fraseologia, a casca, a ornamentação".[10] Não é proibido — nem obrigatório — ver alusão ao Primeiro Reinado, ao Imperador e à maneira pela qual o Brasil, recém-saído do confinamento colonial, abraçava as ideias modernas. Seja como for, o paralelismo dos períodos prossegue: a fase europeia encerra-se com a volta precipitada de Brás, cuja mãe está à morte; e uma vez que ela não o via há oito anos,[11] estamos em

---

[9] *MPBC*, p. 150.
[10] *MPBC*, p. 156.
[11] *MPBC*, p. 154.

1832. Logo morre também o pai, e Brás fica *órfão*, como se dizia que ficara o Brasil com a abdicação de Dom Pedro I em 1831.[12] A etapa seguinte, de vida esperdiçada, dissoluta e semirreclusa, coincide com os anos da Regência e cabe no curto capítulo XLVII. Com a Maioridade (1840), Brás vem abrilhantar a vida da Corte, na qualidade de leão da moda e amante "meio secreto e meio divulgado"[13] de uma elegante do tempo. 1855 vai encontrá-lo deputado e aspirante a ministro, quando profere o discurso sobre as barretinas da Guarda Nacional, que possivelmente aluda à conjuntura política da Conciliação (1853-1857), durante a qual a futilidade dos antagonismos parlamentares tomara feição de programa.[14] A partir da mesma época, Brás passa a ouvir uma filosofia composta de monismo e darwinismo social, no que se mostra um precursor, já que a escola de Recife é de final dos anos 60. Ainda a sua morte, em 69, concorda com a evolução do país, pois data daqueles anos o declínio do Segundo Reinado. No período imediatamente anterior, Brás começara a interessar-se por colonização, câmbio, expansão das vias férreas e invenções sensacionais (o emplasto), alusão às novas febres especulativas e a veleidades de estilo *yankee*.

A indireta político-social é portanto um método. Em espírito análogo, também as referências à literatura brasileira marcam, mais ou menos veladamente, um ponto de vista heterodoxo sobre a vida do país. Vejamos para exemplo o episódio de Marcela, que retoma, sem dar notícia disso, uma situação da *Lucíola* de José de Alencar (1862), calcada por sua vez na *Dama*

---

[12] *MPBC*, p. 180.
[13] *MPBC*, p. 119.
[14] *MPBC*, pp. 277, 282.

das camélias (1848). Paulo Silva conhece Lúcia numa festa da Glória, "uma das poucas festas populares da Corte".[15] Pouco depois ele vai reencontrá-la numa farra organizada na casa de arrabalde do dr. Sá, um amigo de infância. Entre outros estão presentes uma "linda espanholita"(!) e o sr. Rochinha, "libertino precoce, curvado pela consunção".[16] Com muito sofrimento moral, Lúcia nesta ocasião sobe à mesa do banquete e reproduz ao vivo os quadros eróticos pendurados na parede.[17] Mais adiante Paulo saberá que ela é pura e não têm razão os rapazes que a acusavam de avarenta. Não só a heroína não guardava para si os presentes de seus admiradores, como os destinava na totalidade à educação de uma irmã. Também Paulo no fundo é um moço com sentimentos honestos: suscetibilíssimo em questões de honra, e inconformado com a pouca virtude das perdidas que frequenta.

A despeito da atmosfera diversa, o paralelo com as *Memórias* é inegável. Brás conhece Marcela "na noite das luminárias, logo que constou a declaração da independência, uma festa de primavera, um amanhecer da alma pública". Pouco depois ele vai reencontrá-la numa "ceia de moças, nos Cajueiros". O banquete é presidido pelo Xavier, "com todos os seus tubérculos".[18] Isso posto, observe-se que no episódio reescrito por Machado a moça é deveras avarenta e especializada em depenar rapazes; o primeiro encontro coincide com a fundação da nacionalidade, o que

---

[15] José de Alencar, *Lucíola, in Obra completa* [*OC*], vol. I, Rio de Janeiro, Aguilar, 1959, pp. 312-3.

[16] *Idem*, pp. 338, 341.

[17] *Idem*, p. 350.

[18] *MPBC*, p. 138.

lhe confere repercussão maldosa, senão alegórica; para chegar à "fase imperial" (domínio exclusivo), Brás passa por uma "fase consular", em que "o governo de Roma" é partilhado com o Xavier;[19] quanto a quadros vivos, Marcela faz sem sacrifício as poses que o namorado lhe pede, "Você é das Arábias, dizia-me".[20] O espírito geral da paródia é desidealizador, o que todavia diz pouco. Brás retoma a circunstância de Paulo para dar-lhe uma inscrição social e psicológica mais verossímil: o seu desempenho é a verdade do outro, a explicitação da prepotência e hipocrisia do rapaz fino diante da moça sem proteção familiar, que por sua vez não é idealizada. É como se Machado dissesse que Paulo no fundo é Brás, ou que o moço bom é de fato passavelmente abjeto. Neste sentido não se trata bem de paródia, mas da identificação de um tipo social atrás do lugar-comum romântico, tratado este com distância e brevidade magistrais. O modelo literário, ideológica e socialmente prestigioso, entra como ingrediente *negativo* na composição de um protótipo da classe dominante brasileira. A viravolta é considerável, e depende da capacidade realista de ver nas representações um momento funcional do processo histórico. Nada mais característico da independência literária de Machado que este uso desenvolto e silencioso das limitações intelectuais de seu ultraprezado José de Alencar. Desejo de superar ou desmistificar um predecessor ilustre? De aumentar a densidade alusiva do próprio trabalho? De divertir uma rodinha de iniciados?

A busca de energias extraliterárias emprestadas do mundo da História é constante e vale-se de recursos os mais variados, da referência franca à observação sibilina. Como vimos, a biografia

---

[19] *MPBC*, pp. 139-40.
[20] *MPBC*, p. 142.

de Brás Cubas corre paralela às etapas da vida nacional; o conjunto das relações sociais intra-romance é indicativo da estrutura social brasileira em seus aspectos peculiares; há retomada e retificação de situações fixadas no romance brasileiro anterior. Assim, o lastro de matéria histórica assimilada no enredo das *Memórias* é grande, e seria natural que os dinamismos correspondentes pesassem na interpretação: o que dizem uma da outra as evoluções de Brás e do Brasil? O que significa, por exemplo, o progresso do cunhado Cotrim, que vai de contrabandista de escravos (antes do fim do tráfico, em 1850) a beneficiário de negócios obscuros com o arsenal da Marinha (possivelmente durante a guerra do Paraguai, 1865-70, período de grandes negociatas e, para Machado, de relativização do sentimento patriótico)? indicaria acaso que o comércio ilícito de escravos foi substituído por outras formas de comércio igualmente imorais? Que pensar do destino da boa Eugênia, nascida fora do casamento em 1815, quase erguida à abastança por um capricho de Brás em 32, e pedindo esmola num cortiço em sessenta e poucos? Deixada a si mesma, isto é, separada de sua conexão formal — o que é sempre um artifício —, a matéria do romance convida a este tipo de entendimento, *que todavia é reprimido pelo ciclo mais rápido e curto da volubilidade*. Este trunca a matéria característica do romance realista, marcada pela História e pela dimensão prática da vida, e a transforma em seu contrário, em apoio de uma condição humana inelutável. Noutras palavras, matéria e princípio formal parecem divergir drasticamente, a primeira postulando uma dimensão histórico--social, o segundo afirmando uma condição metafísica, ou, pelo menos, uma condição de grande generalidade, cujos motivos são mais abstratos que os implicados na matéria social, a que não dão continuidade. A fratura não podia ser mais ostensiva à primeira vista. Paradoxalmente, considerado o conjunto, ela é uma regra de composição e unidade com extraordinário interesse.

Feição social do narrador e da intriga

Para arriscar uma fórmula, cuja realidade seriam as variantes, digamos que o padrão narrativo das *Memórias* é o seguinte: a) Um episódio de ação propriamente dita, isto é, tomado à vida de Brás Cubas ou à sua esfera, em veia realista. É um mundo de vizinhos, compadres, parentes e aderentes, além de escravos. Reinam as dependências e licenças da familiaridade, amenas ou brutais, bem como, em contradição com elas, os ideais da civilização burguesa oitocentista, ligados à autonomia do indivíduo. A especialidade machadiana está nas inconsequências próprias a esta mistura, e particularmente nos malabarismos mentais que permitem conciliar aqueles inconciliáveis com vantagem para o amor-próprio do sujeito que se quer homem moderno.

b) Um episódio intercalado, que difere — em assunto e gênero — do primeiro, cujo movimento interrompe. Pode ser um apólogo, uma charada, uma anedota, uma reflexão ou o que for, desde que em seu miolo se encontre a precedência da imaginação sobre a realidade. Pelo que significa de desrespeito consciente da parte do narrador, a interrupção comporta ela também um gostinho de império, além de reeditar a discrepância entre relacionamento civil e incivil mencionada em (a). Assim, cortado o fio da ação, forma-se entre o episódio realista, a anedota interposta e o gesto narrativo o vínculo do denominador comum, que vai sendo adivinhado pelo leitor. Trata-se de nossa conhecida busca de "uma supremacia qualquer" e da consequente versatilidade, que aparecem como a permanência em meio ao diverso, o essencial em meio ao contingente. A sua forma é "filosófica", ou universalista, quer dizer, obtida mediante descontextualização da conduta. Ou por outra, ela é o ponto de chegada alcançado pelo espírito uma vez descartada a circunstância prática em sua acepção moderna, isto é, histórico-social. A forma explícita da narrativa rebaixa o ingrediente realista à condição de detalhe pitoresco, deixando-lhe a dinâmica em estado informe e virtual.

c) Novo episódio em veia realista. Ao reatar com o outro, sublinha o caráter arbitrário da intercalação. Entretanto, como não retesa ou disciplina a intriga, a continuação é gratuita por sua vez. Também ela se integra à narrativa através da reiteração da volubilidade — o denominador comum abstrato —, estabilizando-lhe o primado. Os condicionantes práticos da ação, que dão caráter realista ao episódio, ficam relegados e inaproveitados, quer dizer, sem desaguar na continuidade manifesta do movimento. Contudo, com a repetição do ciclo a relação entre essencial e inessencial se inverte, sem que se possa assinalar o momento preciso da inversão. O denominador comum permanece igual a si mesmo, ao passo que a dimensão "circunstancial" das anedotas ganha volume até formar a ambiência histórico-social do primeiro, ambiência em cujos termos este será visto, interpretado e julgado. Assim, a forma ostensiva das *Memórias* é delineada pelo movimento, ou melhor, pela futilidade do narrador; já no plano latente o feitiço vira contra o feiticeiro, e a massa das circunstâncias — desvalorizadas embora — torna-se determinante. A relevância delas por definição escapa à voz narrativa, a qual por isto mesmo fica desacreditada. Daí a presença poderosa e difusa da matéria social, sem contorno fixado, a existência que pesa e influi mas não se vê refletida numa formulação. *Trata-se, noutras palavras, de um livro escrito contra o seu pseudo-autor.* A estrutura é a mesma de *Dom Casmurro*: a denúncia de um protótipo e pró-homem das classes dominantes é empreendida na forma perversa da autoexposição "involuntária", ou seja, da primeira pessoa do singular usada com intenção distanciada e inimiga (comumente reservada à terceira). A chave deste procedimento está na insuficiência calculada dos pontos de vista do narrador em relação aos materiais que ele mesmo apresenta. O efeito é tanto mais insidioso quanto Machado utiliza com maestria absoluta os recursos ideológicos e literários os mais prezados de sua vítima, o

Feição social do narrador e da intriga

que por outro lado faz que entre crítica feroz e apologia a semelhança confunda.[21] Nada tão contrário à volubilidade quanto a planificação. Entretanto vimos a envergadura enciclopédica assumida pelo narrador; vimos o quase sistema das atividades ilustradas — arte, ciência, filosofia, amor, política — a que a personagem dedica atenção; e vimos o elenco de figuras e episódios escolhidos a dedo para que Brás ponha as manguinhas de fora, ou melhor, para que venham à luz as consequências espirituais e históricas da volubilidade nas circunstâncias brasileiras. Um enredo portanto que serve à exposição metódica de um modo de ser, mais que ao desenvolvimento de uma ação, e que faz supor um narrador atrás do narrador, um narrador interessado em consequências, o oposto enfim de um narrador volúvel. Trata-se de fazer que a narrativa percorra um conjunto discriminado de relações, o que supõe a distância e visão de totalidade próprias ao romance realista. É claro que Brás trava aquelas relações cruciais como que por acaso, sem quebra de seu imediatismo, o qual entretanto ganha envergadura graças justamente ao bem-estudado do percurso. Trata-se de uma inconsistência estrutural? Em fim de contas, o narrador é volúvel ou não é? Voltaremos à questão e trataremos de interpretá-la. Por agora basta notar que a volubilidade não está sozinha enquanto regra de composição, embora ocupe totalmente o primeiro plano. A seu lado, quase invisível, porém como o fundo indispensável a seu destaque, está o discernimento social-histórico do romancista.

---

[21] A questão foi tratada com amplitude por John Gledson, *The deceptive realism of Machado de Assis*, Liverpool, Francis Cairn, 1984. Ver também Silviano Santiago, "Retórica da verossimilhança", *in Uma literatura nos trópicos*, São Paulo, Perspectiva, 1978.

6. A sorte dos pobres

Eugênia

"Um moço viu a rosinha
Viu a rosinha no prado."

Goethe, "Heidenröslein"

"[...] é pobre [...], há de ser suscetível portanto."

José de Alencar, *Sonhos d'ouro*

A flor da moita, em cujo encanto não entram artifício e linhagem, é uma figura cara às Luzes, ao Romantismo e ao sentimento democrático da vida. A expressão serve de título a um passo capital das *Memórias*, onde todavia ela traz um segundo sentido, contrário ao primeiro. Designa com desprezo a moça nascida fora do casamento, concebida atrás do arbusto, por assim dizer no matinho. O conflito das acepções resume o teor ideológico do episódio, ao passo que a grosseria do trocadilho anuncia os extremos a que a narrativa irá.

Eugênia e Brás vivem um curto idílio campestre, ela filha natural de Dona Eusébia, uma solteirona que frequentava a casa dos Cubas em condição inferior, ele o moço abastado e família que conhecemos. O episódio se passa na Tijuca, onde o rapaz fora buscar retiro. As circunstâncias, os protagonistas e o obstáculo social fazem esperar uma complicação romântica, a qual desponta, mas é encerrada por um desfecho de outro caráter.

Para receber o rapaz, a moça desveste os enfeites costumados, e aparece sem brincos, broche ou pulseira. É uma solução poética e exigente, ditada pela suscetibilidade. Ao marcar as diferenças materiais, Eugênia corta as fantasias de paridade social e mostra conhecer o seu lugar; entretanto, é claro que o gesto tem mais outro sentido, pois prescindir da quinquilharia externa é também lembrar a igualdade essencial entre os indivíduos e proibir ao moço tratá-la como inferior. São cálculos severos, a que ainda assim não falta um pensamento de sedução: para uma sensibilidade esclarecida, o despojamento e a graça natural são ornatos máximos, superiores às circunstâncias de fortuna.

O doutor Cubas, veterano de alguns anos de "romantismo prático e liberalismo teórico" no Velho Continente, não permanece insensível. Aprecia a dignidade da menina, superior ao nascimento irregular e à situação precária, e corre o risco de "amar deveras", quer dizer, de igual para igual, e casar. Ao mesmo tempo sente cócegas de fazer um filho natural à rapariga malnascida. Na primeira hipótese, o amor o levaria a superar as prevenções de família e classe, e a reconhecer o direito igual das pessoas (ao menos das pessoas livres). Na segunda, cujo clima abjeto é determinado pelo prévio reconhecimento da dignidade da moça, trata-se de desrespeitar esta igualdade e gozar as vantagens da própria riqueza e posição, complementares, naturalmente, da pobreza e falta de situação de Eugênia.

Comentando a reserva da menina, havíamos observado um vaivém correlato, pois ela tanto aceita a inferioridade de sua situação (que deixa o moço em posição superior), como sustenta, ainda que mais discretamente, a sua absoluta dignidade pessoal (que exige respeito e não exclui o amor e um casamento em sociedade). Assim, entre a conduta de Brás e a situação de Eugênia existe correspondência estrita, e as respectivas dubiedades se engrenam e realimentam como partes de um sistema prático, histórico além de fictício. A relação implica um jogo de virtualidades objetivas, exploradas por Brás, a quem, reciprocamente, conformam o modo de ser. Este por sua vez está formalizado na dicção do livro: com efeito, a volubilidade acintosa do narrador, que a todo momento postula e viola a norma, literária ou não, efetua um movimento com referências ideológicas similares. Eis aí a solidariedade entre observação social, esquema dramático, tipo das personagens e padrão — bem como ponto de vista de classe — da prosa.

Forma literária e relação social injusta respondem uma à outra com rigor, de sorte que o exame de um polo implica na fixação de dimensões do outro. A discriminação histórica da matéria tratada é um requisito, no caso, da apreciação crítica. Tudo está em diferençar ao máximo e não dissolver no arquétipo da menina pobre e do moço rico a particularidade sociológica do idílio.

Eugênia aliás não é propriamente pobre. Educada na proximidade do mundo abastado, ela pode até fazer um bom casamento e vir a ser uma senhora. Mas pode também terminar, como termina, pedindo esmola num cortiço. Do que depende o desfecho? da simpatia de um moço ou de uma família de posses. Noutras palavras, depende de um capricho de classe dominante. Aí o ponto nevrálgico, para quem, como quase todo mundo, tivesse notícia dos Direitos do Homem — ponto agravado ainda pelos termos extremados da alternativa entre senhora e pedinte. Faltando fundamento prático à autonomia do indivíduo sem meios — em consequência da escravidão o mercado de trabalho é incipiente —, o valor da pessoa depende do reconhecimento arbitrário (e humilhante, em caso de vaivém) de algum proprietário. Neste sentido, penso não forçar a nota dizendo que Eugênia, entre outras figuras de tipo semelhante, encerra a generalidade da situação do homem livre e pobre no Brasil escravista. Não sendo proprietários nem escravos, estas personagens não formam entre os elementos básicos da sociedade, que lhes prepara uma situação ideológica desconcertante. O seu acesso aos bens da civilização, dada a dimensão marginal do trabalho livre, se efetiva somente através da benevolência eventual e discricionária de indivíduos da classe abonada. Assim, se não alcançam alguma espécie de proteção, os homens pobres vivem ao deus-dará, sobretudo cortados da esfera material e institucional do mundo contemporâneo. Este por sua vez, padronizado nos países clássicos da Revolução burguesa, é programaticamente contrário àquela mesma proteção que, no Brasil, é o bilhete de ingresso em seu recinto. Noutras palavras, a participação do homem pobre na cultura moderna dava-se ao preço de uma concessão ideológico-moral de monta, que ele pode elaborar de muitos modos, mas sem lhe escapar.

Não há exagero portanto em afirmar que o favor pessoal, incluída nele a parte inevitável e já então imperdoável de capricho, vem colocado em primeiro plano pela estrutura social do país ela própria. Foi natural que o emaranhado singular de humilhações e esperanças ligado a este quadro se tornasse matéria central no romance brasileiro, que em boa parte se pode estudar como apresentação e aprofundamento dos dilemas correspondentes. Seja como for, é na relação com esta forma específica de desvalimento que a volubilidade cobra relevo pleno, sendo percebida e percebendo-se como poder social, que reserva ao outro, enquanto possibilidades reais, tanto a sorte grande da cooptação (aqui o casamento desigual), como a humilhação do dependente ou a indiferença moderna em face do concidadão (que entretanto não é cidadão deveras e não tem meios de sobreviver). O leque dos destinos disponíveis, de amplitude vertiginosa e catastrófica para

A sorte dos pobres

a parte pobre, é, para a parte proprietária, o campo das opções oferecidas ao exercício do capricho. Ante tamanha desproporção, é claro que este último desenvolve um sentido exaltado de si e da própria relevância, que o faz brilhar em toda linha. Reciprocamente, a exposição à procura desordenada de supremacias imaginárias e a seu poder efetivo dá a dimensão exata da desproteção dos pobres.[1]

---

[1] A posição peculiar dos pobres no Brasil rural foi glosada com frequência ao longo do século XIX. "A classe agrícola, que não pode despender os capitais necessários para haver um terreno próprio, vive agregada aos grandes possuidores do solo, e por um contrato a título *precário*, isto é, pode ser despejada quando bem convier ao dono da terra." Como contrapartida, a adesão política pelo voto: "Os grandes possuidores do solo consentem ainda os agregados porque o nosso sistema eleitoral assim o reclama". L. Peixoto de Lacerda Werneck, *Ideias sobre colonização*, Rio de Janeiro, Eduardo e Henrique Laemmert, 1855, pp. 36 ss. Ou, na síntese de Nabuco: "Uma classe importante, cujo desenvolvimento se acha impedido pela escravidão, é a dos lavradores que não são proprietários, e, em geral, dos moradores do campo ou do sertão. Já vimos a que se acha, infelizmente, reduzida essa classe, que forma a quase totalidade da nossa população. Sem independência de ordem alguma, vivendo ao azar do capricho alheio, as palavras da Oração dominical: *O pão nosso de cada dia, nos dai hoje* têm para ela uma significação concreta e real. Não se trata de operários, que, expulsos de uma fábrica, achem lugar em outra; nem de famílias que possam emigrar; nem de jornaleiros que vão ao mercado de trabalho oferecer os seus serviços; trata-se de uma população sem meios, nem recurso algum, ensinada a considerar o trabalho como ocupação servil, sem ter onde vender os seus produtos, longe da região do salário — se existe esse El Dorado, em nosso país — e que por isso tem que resignar-se a viver e criar os filhos, nas condições de dependência e miséria em que se lhe consente vegetar". Abaixo da classe dos lavradores meeiros há ainda outras "que nada têm de seu, moradores que nada têm para vender ao proprietário, e que levam uma existência nômada e segregada de todas as obrigações sociais, como fora de toda a proteção do Estado". Joaquim Nabuco, *O abolicionismo*, Rio de Janeiro, Vozes, 1977, pp. 159-

Alguns dias depois de colher o primeiro beijo de Eugênia, o rapaz lembra do pai, das obrigações de carreira, da constituição, do cavalo etc., e resolve descer da Tijuca para o Rio. O sinal é dado por uma voz interior, que lhe cochicha palavras da Escritura ("Levanta-te e entra na cidade", *Atos*, IX, 7).[2] Brás entende o conselho divino a seu modo, concluindo que cidade no caso seria a capital e que era tempo de escapar à moça. Onde o Paulo bíblico se *convertera* de flagelo em apóstolo dos cristãos, o seu êmulo brasileiro se desconvertia da tentação esclarecida, para fazer finca-pé na iniquidade oligárquica. Lembrava os preceitos ouvidos do pai: "é preciso continuar o nosso nome, continuá-lo e ilustrá-lo ainda mais. [...] Teme a obscuridade, Brás; foge do que é ínfimo. Olha que os homens valem por diferentes modos, e que o mais seguro de todos é valer pela opinião dos outros homens. Não estragues as vantagens de tua posição, os teus meios...".[3]

Qual o sentido desta conduta? No que tange à intriga, o episódio termina sem maiores desdobramentos ou revelações, com a partida do rapaz. Um final rigorosamente comum, que não podia ser mais apagado, nem mais característico. O efeito crítico está na frustração do desejo romanesco do leitor (já que Eugênia, conhecendo o quadro, abafa o sentimento e sai de cena em silêncio). Dada a assimetria destas relações, em que, pela razão exposta, a parte pobre não é ninguém, tudo se resume na deci-

---

-60. Uma sistematização sociológica encontra-se no bom livro de Maria Sylvia de Carvalho Franco, *Homens livres na ordem escravocrata*, São Paulo, IEB, 1969 (4ª edição, São Paulo, Ed. Unesp, 1997). O alcance do tema para a compreensão de aspectos decisivos da ficção brasileira foi estabelecido por Antonio Candido, "Dialética da malandragem", *in O discurso e a cidade*, São Paulo, Duas Cidades, 1998.

[2] *MPBC*, p. 170.
[3] *MPBC*, p. 162.

A sorte dos pobres

são da parte proprietária, a que não há nada que acrescentar. Deste ponto de vista, a fabulação reduzida expressa uma correlação de forças, e reitera a face taciturna do poder. Contudo, nem por isso os Direitos do Homem e o século XIX deixam de existir. As possibilidades que Brás recusa na prática e portanto exclui do enredo estão vivas em seu espírito de indivíduo moderno, onde se recompõem de acordo com a situação. Basta adicionar ao episódio as repercussões morais que logicamente lhe correspondem no âmbito do *homem ilustrado* — o homem que se encontra no polo dominante da relação — e veremos surgir um retrato social de eloquência sem paralelo na literatura brasileira.

O idílio transcorre sob o signo de quatro borboletas. A primeira, um símile das imaginações vadias do rapaz, anuncia o tema. A segunda, toda em ouro e diamantes (insinuação?), foi posta no pensamento de Eugênia pelas cortesias do moço rico. A terceira é grande e preta, e entra na varanda em que estão reunidos Dona Eusébia e o par de jovens. A boa senhora e a filha ficam assustadas, talvez por superstição, proporcionando ao doutor o prazer de se sentir forte e filósofo, enquanto espanta o inseto com um lenço. Na mesma tarde, cruzando com a moça, Brás nota que ela o cumprimenta de igual para igual. Ele supõe que alguns passos adiante ela voltará a cabeça para olhá-lo, coisa que não sucede. A decepção não deixa de irritar e forma o contexto em que se compreende a quarta borboleta, também ela grande e negra, aparecida no quarto do rapaz no dia seguinte. Inicialmente o bichinho é bem recebido, pois recorda a cena da manhã anterior, com os modos bonitos da menina, que tratava de esconder o susto, e sobretudo com o papel superior que tocara ao cavalheiro. Em seguida a borboleta muda de significado, talvez porque se deixa ficar e continua a mover as asas de modo brando. Para Brás ela agora representa a persistência da mocinha na lembrança, além da falta do gesto subalterno, que já ontem causara aborrecimento. Brás sente "um repelão dos nervos"[4] — forma aguda da volubilidade — e mediante uma toalhada acaba com o assunto.

A brutalidade da conclusão prefigura o desenlace do idílio, que naquela altura mal começava. Aplicada a um ser inofensivo, a pancada mortal desnuda um aspecto — metodicamente aleatório — da dominação de classe. O conteúdo da relação social é estendido à relação com a natureza: a dignidade *natural* (ou cidadã) de Eugênia, que não traz o vinco da subordinação à oligarquia, torna odiosa a espontaneidade em qualquer plano, inclusive o das borboletas. E como a natureza existe também dentro de nós, é certo que além do inseto e da moça a pancada visava, no interior do próprio Brás, o respeito espontâneo pelo valor do próximo.

Nesta altura, o leitor das *Memórias* não deixou de notar que omitimos uma particularidade decisiva do episódio, aquela em que vai se fixar o principal das reações de Brás: o defeito físico de Eugênia. Com efeito, além de bastarda e sem posses, a menina é coxa. Observe-se todavia que o rapaz não se dá conta do defeito senão tarde, quando a dignidade da criatura pobre já o havia incomodado ao ponto de fazer que ele a abatesse em efígie. Noutras palavras, a lógica e o desfecho do episódio fixaram-se em função de inferioridades *sociais*, e a imperfeição *natural* superveniente não afeta a marcha da situação. Não obstante, será ela, a inferioridade física, o pivô das cogitações do moço. Este despejará sobre a deformidade natural os maus sentimentos que lhe inspira o desnível de classe, e, mais importante, verá a iniquidade social pelo prisma sem culpa e sem remédio dos desacertos da natureza.

Como entender esta substituição? Genericamente, a naturalização de relações históricas serve ao conservadorismo. A sua

---

[4] *MPBC*, p. 165.

oportunidade no caso é patente, já que a situação social da moça é um problema de consciência para o rapaz, ao passo que o defeito físico é um dado definitivo e, neste sentido, confortador. As coisas porém são mais enredadas, pois é claro que a perna defeituosa tampouco impediria Eugênia de ser uma esposa perfeita. Assim, além de não ser a verdadeira, a razão alegada não convence, e firma o clima de desconversa e desculpa esfarrapada, no limite do acinte, que é central para a grosseria — estudada ao extremo — destes capítulos. A explicação escarninha, que não pretende justificar nada e antes quer significar a realidade da força, é aqui um elemento de baixeza entre outros. De fato, a dezena de páginas em que figura Eugênia, a única personagem direita do livro, constitui um minucioso exercício de conspurcação. A crueldade é tanta, tão deliberada e detalhista, que dificilmente o leitor a assimila em toda a extensão. É como se o caráter extremado destas passagens impedisse a sua estranheza de ser percebida. Tratemos de não reduzi-la ao caso psicológico — a parte de sadismo é clara — e vejamos nela um desdobramento verossímil da ordem social que procuramos caracterizar. São as coordenadas do conflito social que dão a transparência e integridade artística aos desmandos do protagonista narrador.

Já mencionamos a leitura pejorativa de uma expressão tão cândida como "a flor da moita". Um capítulo vizinho chama-se "Coxa de nascença", outra falta de caridade. Quando jura, "pela coxa de Diana",[5] que não pensava fazer mal a Eugênia, Brás evidentemente procura ser excessivo, e até inexcedível. Em todos os casos está em jogo o direito da moça, e, através dele, o respeito à visão ilustrado-romântico-liberal do indivíduo, que o protagonista vai ofender com exasperada deliberação. Não por satanis-

---

[5] *MPBC*, p. 170.

mo (ainda que estas páginas dependam de Baudelaire), e sim por ser um membro comum da camada dominante brasileira, que tinha naquela visão a sua referência obrigatória, conhecendo embora a sua irrealidade local e vivendo esta contradição como um destino e uma permanente irritação. O desplante chega ao paroxismo no capítulo dirigido "A uma alma sensível", onde o cinismo de Brás abruptamente se volta contra o leitor e passa à agressão direta, mandando que ele limpe os óculos — "que isto às vezes é dos óculos"[6] — presumivelmente embaçados de lágrimas inúteis, derramadas sobre o destino da boa Eugênia. Assim, a exorcização do sentimentalismo liberal e o chamado à realidade do privilégio completam-se na passagem às vias de fato contra o leitor, obrigado a sentir na própria pele o aspecto ultrajante da volubilidade narrativa e da forma de poder que lhe serve de mola.

"Palavra que o olhar de Eugênia não era coxo, mas direito, perfeitamente são."[7] A malícia da frase está na jura inicial, que faz supor o leitor acanalhado (*mon semblable, mon frère*), avesso a imaginar que um defeito na perna não se acompanhe de uma diminuição da pessoa. Esta suposição de cumplicidade tem propósito insultuoso, em que aliás se explicita o caráter agressivo das inúmeras familiaridades tomadas com o público ao longo do livro. Contudo, atentando bem, notaremos que a jura não se destina somente a persuadir a plateia. Ela é dita também para dentro, quando então expressa mais *embaraço* que surpresa, e funciona como uma interjeição interior. Por que seria importuno o espírito de Eugênia não se mostrar inferiorizado? O parágrafo seguinte começa por uma exclamação análoga, desenvolvendo a

---

[6] *MPBC*, p. 170.
[7] *MPBC*, p. 168.

A sorte dos pobres

outra: "O peor é que era coxa". Peor designa um inconveniente maior que os demais — enumerados logo a seguir: "Uns olhos tão lúcidos, uma boca tão fresca, uma compostura tão senhoril".[8] Estas prendas, que são o que retém o rapaz, transformaram-se em negativo naturalmente por pertencerem a uma criatura pobre e por criarem um impasse moral e sentimental para o filho-família. Retenhamos três pontos: a) o fundo da questão é mesmo de classe, e o defeito físico não passa de um acréscimo, que lhe serve de álibi; b) no contexto da dominação de classe, os trunfos humanos dos inferiores são vistos como outros tantos infortúnios; c) a conveniência momentânea da personagem volúvel é ideologicamente produtiva e engendra modos de ver e dizer que a ex-

---

[8] Em *Sonhos d'ouro*, que Machado com certeza leu atentamente, Alencar já procurara ligar remorso de classe e sadismo. A mocinha rica do romance não suporta o espetáculo da pobreza, que lhe exacerba a crueldade. Assim, enquanto a sua cadelinha mata um a um a ninhada de pintos de uma família desvalida, a menina estala os dedos de gosto. Em seguida ela se diverte fazendo que o seu elegante cavalo inglês pise e destrua a louça humilde da mesma família. Consumado o insulto, a heroína repara principescamente os malfeitos, que aliás tinham motivo nobre, pois tratava-se de colocar em brios uma gente derrotada pelo desânimo. *OC*, vol. I, Rio de Janeiro, Aguilar, 1959, pp. 744-8. Também o ângulo do pobre com méritos aparece: Ricardo — que em relação à mocinha se considera "uma borboleta preta" (!) — foi ótimo estudante. "Mas que lhe serve se ninguém o conhece? Servia-lhe mais ficar com a metade do talento que tem, e outra metade de proteção." Mais adiante: "Então um pobre não pode sem bajulação ter relação com pessoas ricas? Que doutrina!". Em relação aos inconvenientes do amor entre desiguais, a "filha do milionário" explica ao "pobretão obscuro": "Imagine o agradável divertimento que teria cada um de nós, o senhor esmagado pela minha riqueza e generosidade, eu, crivada pelos espinhos da sua dignidade. Ao cabo de um mês não nos poderíamos ver; e faríamos um do outro a mais triste ideia" (pp. 736, 753, 739, 776, 821).

pressam com precisão, sendo embora disparates à luz de um critério esclarecido. Este terceiro ponto exemplifica-se uma frase depois: "Por que bonita, se coxa? porque coxa, se bonita?". Noutras palavras, se o universo fosse ordenado razoavelmente, moças coxas (pobres) não seriam bonitas, e moças bonitas não seriam coxas (pobres). Trata-se de harmonia universal, mas concebida a partir da mais imediata conveniência particular, com supressão dos demais pontos de vista, e, sobretudo, sem supressão da dominação de classe.

Que pensar deste festival de maldades? Ele prossegue no plano da linguagem, cuja finalidade narrativa e expositiva periodicamente cede o passo à intenção primária de humilhar. Aqui e ali, sem razão de ser precisa e como pura contribuição escarninha ao clima geral, encaixam-se a palavra "pé" e noções conexas. Assim, Brás está *ao pé* de Eugênia, que está *ao pé* dele, além de haver uma *coxa de Diana* e uma *Vênus manca*, bem como um sem-número de *pés* propriamente ditos, *botas, sapateiros, calos, pernas* que *manquejam* e, por fim, uma tragédia humana que pode ser *pateada*. Ao todo, em poucas páginas, são mais de trinta alusões desta espécie duvidosa, dezessete concentradas no curto capítulo XXXVI, intitulado "A propósito de botas". O procedimento é bruto, sem prejuízo da sutileza extrema do contexto: digamos que Machado tentava a sublimação da chalaça. De fato, como consequência da repetição, o desejo de tripudiar vai expondo novos perfis. Inicialmente tratava-se de soterrar, embaixo de remoques, a moça e o que ela significa. Por outro lado, a baixeza ostensiva das alusões é também um modo de vexar o leitor e realçar a própria impunidade. Enfim, o encarniçamento em que o processo culmina, com acintes quase a cada linha, deixa ver a necessidade em que se encontra Brás de aniquilar a "alma sensível" dentro dele mesmo. Tudo somado, a tendência é para espezinhar as formas de espontaneidade que fujam à ordem da oligarquia,

A sorte dos pobres

isto nas personagens, no leitor e no próprio narrador, quer dizer em toda parte.[8a]
"Pois um golpe de toalha rematou a aventura."[9] Com esta frase cortante, Brás recorda o episódio da borboleta preta, cujo conteúdo social procuramos analisar. Pouco adiante, o capítulo dedicado "A uma alma sensível" conclui de forma comparável: "— e acabemos de uma vez com esta flor da moita". Noutros passos do livro, anteriores ou posteriores, onde assunto e clima são diferentes, encontraremos sob inúmeras formas o mesmo gesto terminante, pondo fim ao parágrafo ou capítulo, ou dando um basta a uma aspiração ou veleidade qualquer. Lembrando os escrúpulos da necessitada Dona Plácida, vencidos por uma quantia que ele mesmo providenciara, considera Cubas: "Foi assim que lhe acabou o nojo".[10] Às folhas das árvores, que, como tudo

---

[8a] Ainda aqui, a gracinha a ser reescrita nos devidos termos é fornecida por Alencar, que em *A pata da gazela* se refere a um pé disforme, com evidente delícia, como sendo "uma enormidade, um monstro, um aleijão", "uma base, uma prancha, um tronco". "Essa aberração da figura humana, embora em um ponto só, lhe parecia o sintoma, senão o efeito, de uma monstruosidade moral." "[...] esse pé era cheio de bossas, como um tubérculo, [...] era uma posta de carne, um cepo!" José de Alencar, *A pata da gazela*, *OC*, vol. I, Rio de Janeiro, Aguilar, 1959, pp. 599 e 602. Adiante veremos o duro destino de Dona Plácida, outro exemplo de retificação crítica da tradição literária brasileira: como o herói das *Memórias de um sargento de milícias*, a pobre mulher é filha de uma "conjunção de luxúrias vadias", de "uma pisadela e de um beliscão". No caso da personagem machadiana, contudo, o nascimento irregular não simboliza folga ou acomodação alegre, aparecendo apenas como soma de inconvenientes tremendos e humilhações. Cf. Manuel Antônio de Almeida, *Memórias de um sargento de milícias*, cap. I, e *MPBC*, cap. LXXV.

[9] *MPBC*, p. 166.
[10] *MPBC*, p. 214.

neste mundo, não são eternas: "Heis de cair".[11] Encerrando as reflexões sobre a morte de sua mãe: "Triste capítulo; passemos a outro mais alegre".[12] Em todos estes finais há um eco ou prenúncio, atenuado ou não, da pancada assestada em Eugênia. Virtualidades e direitos do indivíduo, sobretudo na figura da espontaneidade que levanta voo, vêm exaltados pelo espírito do tempo. Atalhá-los requer um instante de determinação nefasta — o "repelão dos nervos" que permite ao namorado abater o inseto. A recorrência subjetiva da barbárie é o preço da reasserção do arbítrio escravista e clientelista em pleno século liberal, reasserção por outro lado que nada tem de extraordinário, e faz parte da necessidade e rotina da vida brasileira. O gosto pelo truncamento dos direitos e das aspirações individuais, vistos como frioleiras, o que nas circunstâncias não deixava também de ser verdade, é uma constante cíclica da prosa e está transformado em vezo de linguagem, um tique de irritação e impaciência diante de veleidades que não podem ser. Este encontra-se disseminado pelo romance, generalizando em forma de clima narrativo o resultado ideológico de uma estruturação social, transposta igualmente no diagrama dramático dos episódios. Aí outro fator da unidade tão poderosa do livro, a que entretanto não cabe, salvo por sarcasmo machadiano, dar o nome de harmonia.

Brás encerrava um primeiro ciclo de vida e lhe dava o balanço, quando encontra Eugênia — donde o relevo especial da passagem. A tônica de infância e juventude havia estado nas tropelias de menino rico a quem tudo é permitido. A estada europeia, sob o signo igualmente da inconsequência, fez dele um homem educado: "Colhi de todas as cousas a fraseologia, a casca, a

---

[11] *MPBC*, p. 215.

[12] *MPBC*, p. 155.

ornamentação".[13] A morte da mãe o traz de volta ao Rio e, sobretudo, à "fragilidade das cousas".[14] O doutor refugia-se na Tijuca, para meditar a vida, a morte e a vacuidade de sua existência anterior. Em face do nada, como ficam os caprichos da vontade e a procura — exterior apenas — das novas aparências europeias? Sobre fundo de crise, a simpatia por Eugênia será uma hipótese de transformação. Para apreciá-la devidamente é preciso detalhar as alternativas que a precedem.

Aos sete dias Brás está farto de "solidão" e ansioso por voltar ao "bulício".[15] O passo alude aos trechos pascalianos sobre a necessidade que tem o homem de se distrair de si mesmo. No caso brasileiro, contudo, os termos do dilema são menos cristãos, e sua substância define uma alternativa interior ao privilégio de classe. Do lado do bulício, as vantagens sociais visíveis a que uma família importante dá acesso: figuração política, brilho mundano, vida civilizada e novidadeira. Do lado da solidão, assentada também sobre a riqueza, "viver como um urso, que sou":[16] caçar, dormir, ler e não fazer nada, auxiliado por um moleque. Lá falta o *mérito*, aqui o *trabalho*. Aqui como lá falta o valor do indivíduo, única justificação para a diferença social (do ponto de vista da norma burguesa, cuja vigência está atestada no caráter satírico do retrato).

O pai Cubas, partidário da vida brilhante, procura atrair o filho a um bom casamento e a um lugar na Câmara dos Deputados, benefícios que vinham juntos, dada a influência política do futuro sogro. A frivolidade do arranjo ressalta duas vezes:

---

[13] *MPBC*, p. 155.
[14] *MPBC*, p. 159.
[15] *MPBC*, p. 150.
[16] *MPBC*, p. 159.

uma pelo contraste com a morte ainda próxima (ângulo metafísico); a outra pelo esvaziamento da dimensão individual, i.é., moderna, de casamento e política, subordinados ao sistema de patrocínio e troca de favores (ângulo histórico). Assim, a vida carece de sentido porque no horizonte está o nada, ou também porque o seu horizonte é a organização social brasileira. As duas razões estão presentes na tendência misantrópica de Brás, onde se acompanham de uma terceira. "Apertava ao peito a minha dor taciturna, com uma sensação única, uma cousa a que se poderia chamar volúpia do aborrecimento."[17] Descrença e renúncia no caso incluem uma parte de desdém pelos papéis ridículos a que a sociedade forçava um moço atualizado. Num lance de muita audácia, característico de sua capacidade de adaptação inventiva, Machado formulava com palavras do tédio baudelairiano a melancolia e satisfação do ricaço brasileiro em face de suas perspectivas: "Volúpia do aborrecimento [...] uma das sensações mais subtis desse mundo e daquele tempo".[18] É claro porém que o Cubas spleenético não é menos arbitrário nem menos proprietário que o Cubas desejoso de ser Ministro. O vaivém entre "hipocondria" e "amor da nomeada", entre apatia e bulício, faces complementares da mesma experiência de classe, aponta para a equivalência daqueles opostos e é um dos movimentos capitais do livro.[19] Participar ou não do brilho sem sentido da Corte, ou, mais genericamente, do setor europeizante da sociedade ("a fraseologia, a casca"), eis a questão, em que naturalmente não se inclui o ser-ou-não-ser da prerrogativa social. Acresce que o relativo retiro e a recusa da comédia pública po-

---

[17] *MPBC*, p. 157.
[18] *MPBC*, p. 157.
[19] *MPBC*, pp. 184, 162.

dem não significar escrúpulo ideológico, mas gozo mais desimpedido das vantagens da propriedade, liberta do constrangimento das ideias liberais. Em suma, na expressão do pai: "Não te deixes ficar aí inútil, obscuro e triste; não gastei dinheiro, cuidados, empenhos, para te não ver brilhar, como deves".[20] Assim, quando não é inútil, Brás é desfrutável, e quando não é desfrutável, é inútil, empurrado de uma condição à outra pelos respectivos inconvenientes. A vizinhança da morte sublinha ainda mais a inanidade desta alternativa e funciona como um apelo à regeneração. É onde entra o idílio com Eugênia, que promete uma transformação completa do protagonista. Valor e espontaneidade individual seriam reconhecidos, ou, generalizando, a iniquidade oligárquica abriria uma fresta à igualdade entre os humanos, particularmente entre proprietários e pobres com educação. Vimos porém o desplante furioso com que a personagem recusa este rumo, onde a latitude de seu capricho ficaria limitada, rumo cujo significado nacional e de classe procuramos indicar. Longe de trazer uma viravolta, portanto, o encontro com Eugênia consolida o regime do abuso, agravado agora pela transformação não havida: uma peripécia em branco, se é possível dizer assim, depois da qual fica tudo como antes, e piorado. O perfil abstrato desta sequência define o andamento geral da narrativa: o anticlímax primeiro desnuda a nulidade prática das fantasias de liberalização voluntária, e depois expõe a insignificância, devida à mesma nulidade, da vida ulterior de Brás Cubas, que é a maior parte do livro. A norma liberal é tanto expectativa tola como ausência imperdoável. Esta inconsequência tem efeito devastador, e expressa o beco ideológico em que se encontrava a fração pensante do país.

---

[20] *MPBC*, p. 162.

Anos depois, Brás admite casar com Nhã Loló, outra moça de situação inferior à dele. Como explicar a diferença, uma vez que o protagonista não mudou? Buscando subir, Nhã Loló estuda e adivinha a vida elegante, e trata de "mascarar a inferioridade da [sua] família". No momento oportuno renega o pai, cujas afinidades populares dão vexame. "Este sentimento pareceu-me de grande elevação; era uma afinidade mais entre nós", recorda o noivo, decidido a "arrancar esta flor a este pântano".[21] O problema portanto não estava no casamento desigual, admissível desde que reafirme o domínio dos proprietários. Inadmissíveis são a dignidade e o direito dos pobres, que restringiriam o campo à arbitrariedade dos homens de bem. Observe-se ainda que a defesa da prerrogativa de classe é enérgica, mas não se acompanha de ideologia ou convicção da própria superioridade. Esta ausência de justificação consistente é quase simpática, pela vizinhança com a franqueza. De outro ângulo porém ela é parte de um apego cru e indiscriminado a quaisquer vantagens sociais, muito característico, desembaraçado das obrigações que mal ou bem uma autoimagem mais elaborada traria consigo.

Onde há ação, o episódio de Eugênia é uma obra-prima de técnica realista. Fabulação enxuta e parcimônia no detalhe, rigorosamente disciplinadas pela contradição social, produzem o andamento poético do grande romance oitocentista. Entretanto é fato que o conflito quase não tem prosseguimento, ou melhor, só tem prosseguimento fora do âmbito da intriga, nas cólicas morais da personagem masculina e nas maldades expositivas do narrador. Com isto, subjetividade e escrita roubam o primeiro plano e prevalecem, quantitativamente, sobre a dimensão prática do antagonismo. É claro que esta proliferação permite ver em

---

[21] *MPBC*, p. 271.

A sorte dos pobres

Machado uma ponta de lança da literatura pós-naturalista. Sem discordar, notemos que a proliferação subjetiva — ou seja, a volubilidade — aqui está enraizada em terreno social claro, de que ela é uma expressão capital. Deste ângulo, as soluções formais heterodoxas se podem ler como maneiras de aprofundar e radicalizar a exposição de um quadro prático definido. Por exemplo, a desproporção entre brevidade e importância do episódio é um fato eloquente de composição. Na verdade, Eugênia é a única figura estimável do livro: tem compreensão nítida das relações sociais, gosto de viver e firmeza moral — mas seu papel é pouco mais que uma ponta. É como se o arranjo da narrativa dissesse que no contexto da vida brasileira as melhores qualidades dos pobres serão truncadas e esperdiçadas, o que configura e passa em julgado uma tendência histórica. Vimos também que o conflito pouco se desdobra na prática, e muito na imaginação de Brás, *a quem cabe a última palavra*, aliás de injúria. A unilateralidade do procedimento é escandalosa, expressiva também da assimetria da relação social, e tem o mérito de deslocar a perspectiva moralista. Em lugar da injustiça sofrida por Eugênia, que estaria no foco de um narrador equitativo, assistimos a seu reflexo na consciência do responsável ele mesmo, um membro conspícuo da classe dominante, cujo ponto de vista a narrativa adota de maneira maliciosamente incondicional. De entrada, a parcialidade narrativa põe fora de combate o sentimento moral, que diante da injustiça assumida não desaparece — pode até tornar-se mais estridente — mas perde a presunção de eficácia, e aparece como um prisma acanhado. Mais uma vez estamos em campo explorado por Baudelaire, amigo de fintas e mistificações literárias, concebidas como elemento de estratégia guerreira. O poeta gostava de tomar o partido do opressor, mas para desmascará-lo através do zelo excessivo, e também para humilhar/ fustigar os oprimidos, em sua eventual passividade diante da opressão.²² Atrás do narrador faccioso, que à primeira vista é revoltante, mas para o qual já não há substituto senão de outra facção, abre-se a cena moderna da luta social generalizada, a que não escapam os procedimentos narrativos.

Dona Plácida

O mestre-escola a quem Brás deve as primeiras letras havia ensinado meninos "durante vinte e três anos, calado, obscuro, pontual, metido numa casinha da rua do Piolho". Ao morrer, ninguém — "nem eu", conforme diz o próprio narrador com escárnio — o chorou.²³ Uma vida de trabalho humilde e honrado, que não colhe reconhecimento algum: este é o X do episódio.

Noutro passo, quando encontra um amigo de infância em andrajos e mendigando, a reação é inversa: o que Brás lastima é que o antigo coleguinha desdenhe o trabalho e não se dê ao respeito. "Quisera ver-lhe a miséria digna."²⁴

Assim, a dignidade que Brás não reconhece ao trabalhador, ele a exige do vadio. Nos dois casos trata-se para ele de ficar por cima, ou, mais exatamente, de ficar desobrigado diante da pobre-

---

²² Por sentimento dito filantrópico, Baudelaire aconselhava espancar os mendigos encontrados na rua, único meio de forçá-los a reencontrar a dignidade perdida — já que nalgum momento tentariam o revide. "Acabemos com os pobres!", *Le spleen de Paris* (1869). Para uma análise política deste *petit poème en prose*, ver Dolf Oehler, *Pariser Bilder I* (1830-1848), Frankfurt/M., Suhrkamp, 1979 (trad. brasileira de José Marcos Mariani de Macedo e Samuel Titan Jr., *Quadros parisienses*, São Paulo, Companhia das Letras, 1997).

²³ *MPBC*, p. 136.

²⁴ *MPBC*, p. 201.

za. Não deve nada a quem trabalhou, mas quem não trabalhou não tem direito a nada (salvo à reprovação moral). Segundo a conveniência, valem a norma burguesa ou o desprezo por ela. Também aqui a variação do critério tem fundamento de classe. A referência europeia e moderna leva a gente de bem a torcer o nariz ante a indolência popular, ao passo que o embasamento servil da economia permite, sempre que oportuno, desconsiderar o serviço prestado pelas pessoas pobres. A situação destas define-se complementarmente, e o que é margem de escolha para os ricos — os dois pesos e as duas medidas — para o indivíduo sem posse é *falta de garantia*. Não tendo propriedade, e estando o principal da produção econômica a cargo do escravo, os homens pobres pisam terreno escorregadio: se não trabalham são uns desclassificados, e se trabalham só por muito favor serão pagos ou reconhecidos.[25]

Segundo uma queixa corrente, a vizinhança da escravidão desmoralizava o trabalho livre. Em consequência, a ética do trabalho — um dos pilares da ideologia burguesa contemporânea — encontrava pouco crédito entre nós.[26] Já no século XX, combinando-se a sinais de esgotamento histórico geral desta ideolo-

---

[25] Os homens serão burgueses por natureza? pelas circunstâncias? A sociedade brasileira, com a sua ligação parcial e peculiar à economia internacional, estimulava a oscilação do juízo a este respeito, como deixa transparecer Luís d'Alincourt, um viajante para quem "o geral do povo, como não pode exportar, e não é animado pelo interesse, mola real do coração humano, tem-se entregado à indolência e preguiça, causas fatais à população". Luís d'Alincourt, *Memórias sobre a viagem do porto de Santos à cidade de Cuiabá*, Belo Horizonte, 1979, p. 65, citado em Ilmar R. de Mattos, *O tempo saquarema*, São Paulo, Hucitec, 1987, p. 122.

[26] Para o contraste entre as situações europeia e brasileira, no tocante ao que era óbvio e ao que era necessário demonstrar, leiam-se os primeiros parágrafos da *Crítica ao programa de Gotha* (1875). Aí, Marx combate a valorização mítica do

gia, aquele nosso ceticismo de "atrasados" foi retomado com sinal positivo, e pôde se universalizar nas meditações da preguiça de Mário de Andrade e Raul Bopp, bem como nas utopias de Oswald.[27] Recentemente Antonio Candido mostrou quanto o mencionado ceticismo havia contribuído desde o início para a originalidade e o alcance do romance brasileiro.[28] Possivelmente mais moderno que os modernistas, cuja nota de euforia não resiste à reflexão, Machado viu a outra face da moeda: em plena era burguesa, o trabalho sem mérito ou valor é um ápice de frustração histórica. Sirva de exemplo o retrato de Dona Plácida, nas *Memórias*, um dos momentos mais altos e duros da literatura brasileira.

A vida de Dona Plácida cabe em poucas linhas, onde alternam os trabalhos insanos, as desgraças, doenças e frustrações, o que em si não seria notável, nem suficiente para explicar o efeito atroz do episódio. A pobre mulher costura, faz doces para fora, ensina crianças do bairro, tudo indiferentemente e sem descanso, "para comer e não cair".[29] Cair, no caso, serve de eufemismo para contingências como pedir esmola na rua ou faltar aos bons costumes, degradações estas a que no entanto não haverá como fugir, conforme anota o narrador, com evidente satisfação. Adiante, forçada pela miséria, Dona Plácida acaba prestando serviços de alcoviteira, embora seja uma devota sincera do casamento e da moralidade familiar. Do mesmo modo, apesar de incansavel-

---

trabalho no interior do próprio movimento operário, lembrando que ela é expressão de interesses burgueses.

[27] A envergadura filosófica do interesse de Mário pela preguiça me foi assinalada por Gilda de Mello e Souza.

[28] Antonio Candido, no citado "Dialética da malandragem".

[29] *MPBC*, p. 218.

A sorte dos pobres

mente trabalhadora, chega o momento em que se vê obrigada a buscar a proteção de uma família de posses, à qual se agrega, o que tampouco impede que morra na indigência. Em suma, a vida honesta e independente não está ao alcance do pobre, que aos olhos dos abastados é presunçoso quando a procura, e desprezível quando desiste, uma fórmula, aliás, do abjeto humor de classe praticado por Brás e exposto por Machado de Assis.

Mas voltemos às canseiras de Dona Plácida. O trabalho indiferente à finalidade concreta (costurar, cozinhar ou ensinar), e sem objetivo além do salário, pertence ao universo do capitalismo. Ao passo que a nenhuma estima pelo esforço é do universo escravista. Paralelamente, note-se que os benefícios complementares daqueles males estão ausentes, a saber, a dignificação burguesa do trabalho "em geral", bem como o ócio que o escravismo pode proporcionar aos não escravos. Noutras palavras, coube a Dona Plácida colher o pior de um e outro mundo: trabalho abstrato, mas sem direito a reconhecimento social. Seus esforços, cuja paga material é incerta e mínima, ficam sem compensação também no plano moral, o que talvez seja a explicação da singular tristeza da personagem. A dureza que não tem a redenção do sentido é absoluta.

Do ponto de vista do realismo brasileiro, Dona Plácida compõe um tipo capital, e já ficaram indicadas a sua generalidade de classe e a correspondência com a estrutura social do país. Entretanto, a justeza de um retrato tem força literária só quando propicia perspectivas não evidentes. Neste sentido, veja-se que a pobreza despojada até mesmo de consolações é não só um retrato da destituição, como também um resultado crítico, um elemento de razão indispensável a uma concepção social mais avançada. Sem o gosto pré-capitalista pela particularidade dos ofícios e pela ordem corporativa (posto em xeque pelas realidades do trabalho abstrato), e sem a valorização burguesa desse mesmo trabalho (desmentida pelo instituto do cativeiro), *resta uma noção radicalmente desideologizada do esforço*, o qual é despido de mérito intrínseco. Esta noção não se presta à mistificação, e nos faz respirar a atmosfera rarefeita da grande literatura. Com data diferente, uma conversão análoga de privação em lucidez anima os versos de Drummond: "Heróis enchem os parques da cidade em que te arrastas, e preconizam a virtude, a renúncia, o sangue frio, a concepção".[30] Noutro plano, estamos próximos da fórmula de Marx, que atrás das ilusões da riqueza moderna vê o dispêndio muscular e cerebral dos trabalhadores, e nada mais.[31] Enfim, um sentimento materialista do trabalho — isto é, desabusado e esclarecido — cuja atualidade aliás transcende a ordem burguesa, já que o socialismo nosso contemporâneo é, por sua vez, *produtivista*.

Mas é inexato que a vida de Dona Plácida não tenha sentido. Se a triste senhora perguntasse por que viera ao mundo, Brás Cubas imagina que os pais lhe diriam o seguinte: "— *Chamamos-te para queimar os dedos nos tachos, os olhos na costura, comer mal, ou não comer, andar de um lado para outro, na faina, adoecendo e sarando, com o fim de tornar a adoecer e sarar outra vez, triste agora, logo desesperada, amanhã resignada, mas sempre com as mãos no tacho e os olhos na costura, até acabar um dia na lama ou no hospital; foi por isso que te chamamos, num momento de simpatia*".[32]

O escárnio destas linhas opera de modo complexo. Primeiramente finge que as inaceitáveis realidades da pobreza moderna correspondem a um propósito ("para isso te chamamos"). A condenação tem mão dupla: a realidade social é negativa, por lhe

---

[30] "Elegia 1938", *Sentimento do mundo*.
[31] *Das Kapital*, vol. I, parte III, "A produção da mais-valia absoluta".
[32] MPBC, p. 219.

faltar sentido humano, como é negativo o anseio de achar-lhe uma finalidade a qualquer preço, anseio em que, voltairianamente, estão expostas ao ridículo as ilusões da Divina Providência e de seus sucedâneos secularizados. Nem a ordem vigente nem a apologética satisfazem a razão, que lhes assinala a irracionalidade. Por outro lado, a pobreza está descrita em seu ciclo regular, por assim dizer funcional, e não falta método a seu absurdo. Neste sentido ela tem sim uma finalidade, embora humanamente insustentável, qual seja a de reproduzir a ordem social que é sua desgraça. Como ficamos? Resulta algo como o escárnio escarnecido, uma espécie de choro seco, a que se acrescenta o gozo que tanta inferioridade proporciona à superioridade social do narrador, que tampouco fica indene. Razões de ser, enfim, que pertencem ao mundo moderno, com afinidade científica — tais como a reprodução da espécie, da sociedade e da injustiça — e sem justificação transcendente. No conjunto, trata-se do revezamento vertiginoso das perspectivas do providencialismo, da *Aufklärung* e do cientificismo, segundo as conveniências da camada dominante brasileira, cujo teor indefensável este arranjo literário universaliza ao extremo.

São infelicidades com data recente, que não remetem ao vale de lágrimas cristão, ao qual no entanto a prosa toma emprestado o timbre na descrição dos sofrimentos e trabalhos.[33] Ocorre que em contexto laicizado a humilde conformidade dos termos soa como um acinte a mais. Este casamento do que os estilos artísticos e a lógica das concepções mandariam separar faz uma das

---

[33] A discrepância entre a modernidade da observação e a "linguagem fatalista antiga, que vem do *Eclesiastes*, dos cínicos, de Maquiavel, dos moralistas franceses" foi assinalada por Alfredo Bosi. Ver "A máscara e a fenda", *in* A. Bosi *et al.*, *Machado de Assis*, São Paulo, Ática, 1982, p. 451.

forças de Machado. Note-se, ainda neste sentido, que a explicação do propósito da vida de Dona Plácida tem a brevidade sintética do conto filosófico setecentista, mas abarcando a esfera de fatalidades maciças circunscrita pelo Naturalismo oitocentista, sem esquecer que a sua frieza analítica — universalista e clássica pelo estilo — tem um quê trocista e amalucado, que serve de *cor local brasileira* na caracterização de classe de Brás Cubas. Por sua vez, a sem-cerimônia com que esta multiplicidade de registros prestigiosos é manipulada prenuncia a ficção moderna.

Enquanto contempla a ponta da botina, Brás divaga sobre a sorte de Dona Plácida, que acaba de sair da sala. A passagem que há pouco transcrevemos, onde o retrato da infeliz adquire feição geral, faz parte destas reflexões. Na intimidade do pensamento, o homem rico admite sem dificuldade a dimensão funcional da miséria, cuja finalidade na terra, se existe, é de lhe proporcionar vantagens: "Utilidade relativa, convenho; mas que diacho há absoluto neste mundo?".[34] Como no episódio de Eugênia, a palavra final — na verdade a penúltima, já que a última fica para o leitor — está com a parte beneficiária da injustiça, em detrimento da parte pobre, cujo ponto de vista permanecerá inexpresso. O arranjo narrativo faz que o acento caia sobre a componente ignóbil do relacionamento de classe, com resultado sádico, mas também de denúncia, limpando ainda a ficção de seu papel de consolo barato.

Lembrando observações anteriores, digamos que a posição de Dona Plácida está formulada nos termos do privilégio, compreendidos aí, além do interesse material, os recursos literários e o repertório de ideias. O procedimento choca pelo cinismo "excessivo", que o transforma em delação de si mesmo, uma verda-

---

[34] *MPBC*, p. 291.

A sorte dos pobres

deira traição de classe. Os seus méritos contudo vão mais longe: através dele, a forma de pobreza em questão sai para fora do âmbito acanhado e intelectualmente segregado em que de fato ela tem uma condicionante efetiva, e é trazida ao sol da atualidade plena, ou seja, do conflito e da cultura contemporâneos.

Noutras palavras, o espelhamento das posições sociais umas nas outras e na diversidade dos estilos históricos não desmancha a realidade das classes, como pensam os puristas do ponto de vista popular. Pelo contrário, ela consubstancia a sua mediação recíproca e a complexidade decorrente, que uma noção mais cotidiana ou doutrinária da verossimilhança deixa escapar. É este realismo intensificado que dá à humilde figura de Dona Plácida a extraordinária plenitude de referências, além da pertinência histórica, resgatando a sua obscuridade e aparente limitação. Uma envergadura na compreensão da pobreza que só um escritor culto e requintado, à vontade na variedade dos estilos, das filosofias e das experiências de classe pôde alcançar — e oferecer — o que, de um ponto de vista dialético, não é um paradoxo.

Prudêncio

"Vejam as sutilezas do maroto!"

Machado de Assis,
Memórias póstumas de Brás Cubas

Os episódios de Eugênia e Dona Plácida sobressaem pela profundidade com que inventam (ou observam?) as consequências que a estrutura social brasileira trazia aos desfavorecidos. Isso posto, as pessoas pobres têm presença relativamente numerosa no romance, onde formam uma galeria diversificada, representativa, e mesmo sistemática. As moças bonitas, por exemplo, são três: uma de má vida, outra perfeitamente digna, e a terceira sedenta de ascensão social, todas contrastando entre si e, no campo oposto, com uma menina e depois senhora da alta sociedade. Do ângulo das relações econômicas, a gama vai da mendicância ao trabalho remunerado, passando por diferentes espécies de dependência pessoal. A despeito da impressão aleatória, causada pelo procedimento caprichoso do narrador, o elenco dos tipos sociais funciona arquitetonicamente. A sua composição atende a exigências de exposição suficiente e não repetitiva da matéria, disciplina que, por sua vez, liga o sistema das posições imaginadas à estrutura da sociedade real.

A presença do escravismo é determinante, conforme tratei de mostrar, embora as figuras de escravo sejam raras. Umas poucas anedotas esparsas bastam para fixar as perspectivas essenciais. A parcimônia nas alusões, calculada para repercutir, é enfática à sua maneira: um recurso caro ao humorismo machadiano, mais amigo da insinuação venenosa que da denúncia.

Esperançoso de agradar à Família Real, Cubas pai celebra a queda de Napoleão com um jantar de arromba. Entre comidas, discursos e namoros há notícia de uma partida de negros novos, negociados em Loanda, cento e vinte ao todo, dos quais "quarenta cabeças"[35] já estavam pagas. A promiscuidade entre vida familiar, festa cívica e horrores do tráfico negreiro é um traço ferino de "cor local", traço emprestado aliás de Martins Pena, que em registro mais inocente já havia anotado a comicidade desta mistura, onde as notas bárbara e bem-pensante alternam.[36] Noutro capítulo, o Brasinho quebra a cabeça de uma escrava que lhe

---

[35] *MPBC*, p. 134.

[36] Ver o estudo de Vilma Arêas, "No espelho do palco", *in* R. Schwarz (org.), *Os pobres na literatura brasileira*, São Paulo, Brasiliense, 1983.

negara uma colher de doce, ou monta com rédea e chicote no moleque Prudêncio, obrigado a ficar de quatro e lhe servir de cavalo. As queixas do segundo não vão além do "ai, nonhô!", a que o primeiro responde com o famoso "Cala a boca, besta!".[37] Assim como o *flash* do comércio de negros qualificara a sociedade presente ao banquete, as atrocidades (ou travessuras, segundo o ponto de vista) do pequeno Cubas expõem o sentido social de sua educação e da volubilidade que impregna o livro inteiro. Das duas vezes o escravo tem função quase exclusiva de especificar aspectos nefastos da classe dominante. Há também uma tentativa de ver o cativo em seus motivos próprios. Muitos anos mais tarde, andando pela rua, Brás encontra "um preto que vergalhava outro", a cujos gemidos replicava com o "Cala a boca, besta!" nosso conhecido.[38] Tratava-se naturalmente de Prudêncio, que depois de liberto comprara um escravo por sua vez, em quem descontava as pancadas recebidas outrora. Apesar da audácia com que se opõe ao chavão humanitário, o episódio padece de banalidade universalista, que o transforma em quase apólogo: pessimismo e maldade também podem ser chavões. Esta impressão se desfaz no capítulo seguinte, que à primeira vista nada tem a ver com o caso. A personagem aqui é um doido, chamado Romualdo: "— Eu sou o ilustre Tamerlão, dizia ele. Outrora fui Romualdo, mas adoeci, e tomei tanto tártaro, tanto tártaro, tanto tártaro, que fiquei Tártaro, e até rei dos Tártaros. O tártaro tem a virtude de fazer Tártaros". Passada a surpresa, o leitor dado a charadas entenderá que o Tártaro (guerreiro reputado pela selvageria) resulta do tártaro ingerido, como

---

[37] *MPBC*, p. 129.
[38] *MPBC*, pp. 211-2.

a crueldade do negro liberto — chocante, por sugerir que o sofrimento não ensina nada — é filha das pancadas que lhe haviam dado os seus senhores. Em conclusão, as cenas onde entram escravos condenam a ordem social do país, fixam traços de caráter perniciosos, em que é patente a impregnação escravista da classe alta, e fazem ver o cativo segundo esquemas de psicologia universalista, estritamente os mesmos da humanidade em geral. Para apreciar o valor crítico deste universalismo, basta considerar que à sua luz as brutalidades de um escravo forro não são menos complexas e espirituais que os divinos caprichos de uma senhora elegante, contrariamente ao que pensariam o preconceito comum, ou também o racismo científico então em voga.

7. Ricos entre si

O cunhado Cotrim

"A melhor coisa num russo é a má opinião que ele tem de si mesmo."

Turguêniev, *Pais e filhos*

Para traçar o perfil do cunhado, no capítulo CXXIII, Brás Cubas trabalha com elogios que incriminam e justificações que condenam. A perfídia do retrato, verdadeira maravilha, explora os vexames próprios ao caso brasileiro.

A figura de Cotrim enfeixa os aspectos marcantes da vida burguesa local, com especialidade os que, do ponto de vista civilizado, não deveriam conviver. Comerciante estabelecido, contrabandista de escravos, pai de família extremoso, membro de várias irmandades (associações religiosas e auxiliadoras, características do passado colonial), patriota, a personagem está em vias de enriquecer através de negociatas com o arsenal da Marinha, arranjadas pelo parente deputado. Posta no tempo e articulada por uma intriga que lhe desdobrasse as contradições, a matéria daria um romance realista. E de fato, o grande número de pormenores indicativos de antagonismo histórico-social ancora as *Memórias* neste terreno, dito cru. O movimento explícito do capítulo todavia toma direção diversa, naturalmente sem suprimir a vigência do outro prisma, que fica subentendido: em vez de aprofundar aquelas contradições, Brás procura normalizá-las, livrando-as da pecha de aberrantes (em relação a quê?). Daí a sucessão de elogios (ou punhaladas, segundo a perspectiva), que transforma em modelo de virtudes um compêndio dos males do tempo. O procedimento não se esgota na zombaria das formulações equívocas, ou seja, em perícia retórica: afirma, contra o padrão liberal, a experiência efetiva da classe dominante brasileira. Para consubstanciar o conflito das interpretações, veja-se quanto, do ângulo europeu, a biografia de Cotrim seria exótica e escandalosa, ao passo que do ângulo brasileiro, que Brás Cubas busca formular, ela é normal. O calafrio desta divergência ainda percorre, por exemplo, as considerações de Gilberto Freyre sobre o primeiro Visconde do Rio Branco, "filho de negociante de cidade que enriquecera com a importação de escravos numa época — saliente-se bem — em que esse gênero de comércio não se tornara ainda, no Brasil, atividade degradante para o homem de negócios nela empenhado nem para sua família [...]".[1] O retrato de Cotrim há de ser posterior, e a justificação moral da figura já se faz ao preço da desfaçatez, em que Machado se delicia.

O foco não está portanto nas ações de Cotrim e nos *imensos* melindres correlatos, mas no esforço do cunhado para descaracterizar o conjunto e desculpá-lo. Noutras palavras, o primeiro plano pertence às cumplicidades da classe dominante em face de aspectos historicamente insustentáveis da sua situação, com acento malicioso nas sequelas grotescas. Trata-se de verbalizar tão explicitamente quanto possível as abdicações intelectuais e mo-

---

[1] Gilberto Freyre, *Sobrados e mucambos*, vol. I, Rio de Janeiro, José Olympio, p. XCII.

rais requeridas pela conivência de classe completa, o que não se opõe, como poderia parecer, à exposição do processo social, já que a solidariedade dos aproveitadores é ela mesma parte substantiva da realidade, mais que um defeito de caráter. Para afinar o argumento, observe-se ainda que Brás Cubas e Cotrim são tipos diversos, um bem-nascido, vivendo de rendas e com ambições intelectuais e políticas, o outro trabalhando selvagemente para ficar rico de qualquer maneira. Nos romances da sua fase edificante, Machado examinava esta diferença pelo prisma da riqueza tradicional, atribuindo ao comerciante ou, mais genericamente, ao homem capaz de cálculo econômico a maior parte da baixeza disponível. Nas *Memórias*, embora a baixeza do elemento comercial aumente muito e se especifique historicamente, o antagonismo causado no campo da gente de bem desaparece, ou se reduz a uma questão de estilo, tudo justificado afinal por Brás na forma abjeta que em seguida veremos. O elogio de Cotrim pode ser tomado como sátira às explicações que presidem à aliança entre estas frações da classe dominante.

"O verdadeiro Cotrim" — o capítulo em questão — divide-se em duas partes, uma dialogada, outra de retratista. Na primeira, como "amasse a harmonia da família", Brás vai ao cunhado para consultá-lo sobre a conveniência de casar com Nhã Loló, sobrinha deste. Cotrim nega-se a responder, pois casamento é questão pessoal, que não se deve misturar com interesses de parente. Posição tão estrita como burlesca, pois o leitor está vendo, e sabe pelos passos anteriores, que o tio dirige as manobras para casar a moça. Aliás o leitor sabe igualmente que Brás não dá um tostão pela harmonia familiar, e que seu motivo é o cansaço da vida adúltera, ou por outra, o desejo de gozar as regalias da conformidade. Num caso, a promoção dos interesses de parentela se faz debaixo de proclamações de respeito pela autonomia do indivíduo (a bandeira romântico-liberal); no outro, as vantagens da acomodação, que nada têm de santas, revestem-se da quase santidade das razões familiares. A transparência dos motivos é completa das duas vezes, inclusive para as personagens, criando uma atmosfera de tartufismo *sui generis*, onde veneração e desapego total pela norma estão de sociedade. O diálogo não se destina a descobrir molas secretas da conduta, mas a ilustrar de forma suculenta o teor de conluio inerente à comédia em questão, conhecida de todos. Não havendo prejudicados à vista, o efeito é sobretudo engraçado, o que muda no passo seguinte, quando vem à cena o assunto da escravidão.

A palavra agora está com Brás Cubas, que faz a defesa do cunhado num parágrafo compacto, de concisão brutal. Seguindo-se à hipocrisia da conversa anterior, onde a disposição acomodatícia era máxima, a prosa taxativa, alimentada pela intimidade refletida e adulta com os piores aspectos do processo social e com suas justificações (registro que na ficção brasileira só Machado cultivou), traz um frio.[2] No caso, o contraste harmonizado entre complacência e formulação incisiva diz, entre outras coisas, que a pouca rigidez ideológica não abranda a classe rica nem a impede de passar a extremos para defender o seu interesse.

Uma coisa é Brás Cubas atestar a Cotrim o respeito escrupuloso pela opção pessoal, escancaradamente falso, mas que a todos enaltece: o interesse comum na conciliação entre prática clientelista e aparência liberal ou esclarecida ou moderna explica a boa vontade recíproca. Outra coisa seria admitir a opinião

---

[2] "O desajustamento entre Machado de Assis e os escritores do seu tempo provém, afinal, tanto de sua intrínseca superioridade como do fato de haver ele seguido o ritmo da vida política e social das classes dominantes, enquanto os outros se atrasavam, perdidos na busca do elemento típico." Lúcia Miguel-Pereira, *Prosa de ficção*, Rio de Janeiro, José Olympio, 1973, p. 68.

liberal-humanitária fora de seu funcionamento incensador. A diferença ocasiona o novo tom, onde a compreensão é substituída pela determinação na iniquidade. Ao interlocutor ideologicamente adverso, a quem se dirige a parte feroz do retrato, Brás não responde com tolerância, mas com todos os sofismas à mão e, sobretudo, com a dura realidade, sem recusar papelões infames. Por que será "seco de maneiras" o Cotrim, a ponto de muitos o acusarem de "bárbaro" (a desproporção entre os qualificativos sintetizando — divinamente — o descompasso histórico encabulador)? "O único fato alegado neste particular era o de mandar com frequência escravos ao calabouço, donde eles desciam a escorrer sangue: mas, além de que ele só mandava os perversos e os fujões, ocorre que, tendo longamente contrabandeado em escravos, habituara-se de certo modo ao trato um pouco mais duro que esse gênero de negócio requeria, e não se pode honestamente atribuir à índole original de um homem o que é puro efeito de relações sociais." A civilidade intra-elite, fazendo mostra do melhor da cultura contemporânea, completa-se não obstante na brutalidade contra os cativos. Pela audácia da adaptação, merece destaque este uso perverso da ideia de condicionamento sociológico ("não se pode honestamente atribuir à índole original de um homem o que é puro efeito de relações sociais"), empregada em favor do escravista, e não contra o instituto da escravidão.

O mecanismo satírico da passagem está nas desculpas que inculpam, nas atenuantes que agravam, ou, mais genericamente, na função acusatória da defesa, conduzida com distanciamento de si mesma e em conivência com o leitor esclarecido. Uma defesa que, na verdade, é uma denúncia do acusado, e também do defensor. A duplicidade expositiva dá como favas contadas a superioridade histórica do ponto de vista *adiantado* sobre o *retrógrado* — avalizada, na circunstância, pela reprovação *europeia* de escravidão e formas de vida coloniais — de sorte que a mera expressão do segundo seja motivo de chacota para o primeiro. Sem negar engenho retórico ao procedimento, em que a formulação de uma perspectiva deve municiar a que lhe é contrária, anote--se o seu espírito panfletário, destinado a reconfirmar uma doutrina vitoriosa (ainda que localmente oposicionista).

Como resultado global, entretanto, o capítulo não para aí, apontando em direção mais complexa. Brás e Cotrim, a dupla obscurantista, fazem figura ignóbil à luz do critério moderno. Contudo, a mesma mescla de traços que lhes define o atraso e a comicidade os torna membros respeitáveis, nada risíveis, da classe dominante nacional. A inferioridade decorrente do mencionado princípio moderno deixa portanto de ser inconteste. Noutras palavras, a dinâmica do episódio liga-se ao ridículo dos comparsas *tanto quanto à força e realidade das suas posições*, que não deixam espaço útil à exigência moral que de início nos havia feito rir superiormente. Retomando o argumento anterior, digamos então que Brás concede e até detalha as brutalidades do cunhado, mas no afã de explicá-las como parte da ordem, que é esta mesma, e ponto final. Armado de ilustração e facilidade argumentativa, por desígnio naturalmente do Autor, o liberal de tipo escravocrata e clientelista é levado a pagar até o último centavo a dívida compreendida em suas vantagens sociais, isto em termos de baixeza explicitada à luz de um critério que ele mesmo acata, e sem prejuízo de a sua ruína moral aparecer como uma demonstração de força.

Para fins de análise vejamos, uma a uma, quatro perspectivas que integram o nosso quiproquó ideológico.

a) *A defesa de Cotrim*. Consiste em sublinhar a estrita normalidade e adequação social da figura (um homem normal não pode ser um monstro). O procedimento permite reconhecer virtudes onde parecia haver fraquezas. Assim, por que não seria econômico um negociante? Como não seria duro um contrabandista de africanos? Escravos perversos e fujões não merecem castigo? Não pode ser que faltem sentimentos pios a um pai que sofre tanto quando lhe morre a filha! Impossível que o membro de várias confrarias beneficentes seja avaro! Cabe fazer restrições a um comerciante que não deve um real a ninguém? O bom senso destes raciocínios acata certa realidade, bem como as suas evidências, e, segundo o princípio de que as classes dominantes são exemplares por natureza, louva no cunhado "um modelo". Vindo de personagem tão amiga de afrontas, o hiperconformismo naturalmente toma conotação cínica, e constitui em si mesmo um desrespeito.[3]

b) *Acusação de Cotrim.* Do ângulo liberal, cujo princípio abstrato funciona como linha divisória entre civilização e barbárie, a defesa anterior só condena: o escravismo configura uma infração acintosa aos Direitos do Homem, o castigo físico uma indignidade, o contrabando um ilícito, ao passo que as formas

---

[3] Eusébio de Queirós, o ministro da Justiça que comandou a liquidação do tráfico em 1850, depois de o haver protegido por muitos anos como chefe de polícia do Rio de Janeiro, explica-se a respeito no parlamento, em 1852: "Sejamos francos: o tráfico, no Brasil, prendia-se a interesses, ou para melhor dizer, a presumidos interesses dos nossos agricultores; e num país em que a agricultura tem tamanha força, era natural que a opinião pública se manifestasse em favor do tráfico [...]. O que há pois para admirar em que os nossos homens políticos se curvassem a essa lei da necessidade? O que há para admirar em que nós todos, amigos ou inimigos do tráfico, nos curvássemos a essa necessidade? Senhores, se isso fosse crime, seria um crime geral no Brasil; mas eu sustento que, quando em uma nação todos os partidos ocupam o poder, quando todos os seus homens políticos têm sido chamados a exercê-lo, e todos eles são concordes em uma conduta, é preciso que essa conduta seja apoiada em razões muito fortes; impossível que ela seja um crime e haveria temeridade em chamá-la um erro". Citado em Joaquim Nabuco, *O abolicionismo*, Rio de Janeiro, Vozes, 1977, p. 111.

de religiosidade exterior denotam atraso. A confusão metódica, alimentada a cada frase, entre as visões (ou timbres) conformista, cínica e indignada é um alto feito literário, pelo que sintetiza de insolúvel grotesco histórico. A farsa tem algo a ver — digamos — com o que buscava Mozart no começo do *Don Giovanni*, onde se harmonizam, dentro de completa incompatibilidade, as vozes do libertino, do amor conjugal e da honra familiar.

c) *Denúncia da defesa*. A justificação de Cotrim estende ao plano das ideias a barbárie de seu objeto, à qual empresta o âmbito da cultura contemporânea, na medida dos recursos intelectuais do Autor. As artimanhas argumentativas de Brás, apuradas e didatizadas em espírito possivelmente stendhaliano, hoje diríamos brechtiano, são documentos satíricos desta reposição oitocentista e liberal da escravatura.[4] A rotina do calabouço, por exemplo, com chicote e derramamento de sangue, serve para demonstrar... a escassez de argumentos da parte contrária, indignada em base deste "único fato". O mesmo suplício em seguida comprova... a humanidade do Cotrim, que "só mandava [ao calabouço] os perversos e fujões". A própria condição de contrabandista de escravos ocorre como argumento de defesa, e não de acusação, pois torna explicáveis, e portanto naturais, as mencionadas barbaridades. Nada mais humanitário e modernizador, também, que refletir sobre o condicionamento histórico de condutas depravadas ("puro efeito de relações sociais"): uma ideia reformista, transformada entretanto em álibi escravocrata, e, sobretudo, oferecendo uma esplêndida demonstração de aproveitamento ultraconservador das inovações intelectuais europeias. Por fim, a invocação dos sentimentos religiosos e paternos do comerciante só faz

---

[4] Pensamos na compreensão aguda que Stendhal, Machado e Brecht tiveram do significado social do ranço ideológico.

tornar mais desavergonhado o quadro. Sublinha a limitação e o facciosismo das faculdades simpáticas, e, sendo especiosa, pois trata de definir a personagem através de parte apenas de sua existência — a parte apresentável, que desculpa a outra — incita o leitor à consideração inversa, onde ternura familiar e sentimentos pios são vistos debochadamente, como elementos funcionais, compatíveis com a mais completa desumanidade. No conjunto, a defesa se vale de ponderações de bom senso, reflexões morais, informações abonadoras, esclarecimentos sociológicos, testemunhos sinceros, uma bateria de procedimentos ligados à persuasão e ao convívio consentido. A contiguidade do escravismo naturalmente lhes anula o crédito, causando a conhecida impressão de farsa, característica do Liberalismo do Segundo Reinado. No entanto, a ironia das *Memórias* não se limita a denunciar este aspecto da questão. A sua especialidade está em observar e conceber sequências onde o enviesamento das formas modernas atenda à constelação dos interesses locais. A impropriedade no uso delas, ou melhor, a adequação social de seu uso impróprio são a verdadeira menina dos olhos da invenção machadiana, que identifica aí algo particular, digno de ser mostrado e interrogado.

d) *Resultante*. Como qualificar um homem seco de maneiras, econômico, chefe de família exemplar e sem dívidas, inclinado à filantropia e ativamente religioso? São atributos de um *gentleman*, quiçá inglês — e também do Cotrim, a crer em seu defensor. O retratado alimenta certeza igual, haja vista o respeito humano por assim dizer espetacular com que trata o casamento da sobrinha. Contudo, em resposta aos detratores, que fazem ideia menos excelente da personagem, Brás troca em miúdo as atividades que aquele perfil "moderniza" ou "legitima". Surge então o outro Cotrim, o contrabandista de escravos, adepto dos corretivos bárbaros, praticante de cultos atrasados, sequioso de distinções baratas, tão solvável quanto avarento. *O abismo entre as duas figuras é o mesmo que separa de si, ou seja, do paradigma do progresso europeu, a classe dominante brasileira.*

Por que não seria — como era localmente — respeitável e moderno um proprietário de escravos na plenitude assumida de suas vantagens? A impossibilidade decorre do patamar normativo, estabelecido pelas revoluções burguesas, patamar desrespeitado em toda parte, incluídos aí Estados Unidos, Inglaterra e França, mas cujo *desconhecimento* implicava em exclusão do campo civilizado.[5] Brás e Cotrim aliás cultivam a estampa ilustrada justamente porque não abrem mão do vínculo com o adiantamento universal, de que se consideram expoentes locais. É verdade que pagam o preço da inconsistência em matéria moral, porém com mais desprestígio para esta última — escarnecida como um zero à esquerda — que para eles próprios. Ainda assim, a discrepância clama aos céus, e só a cumplicidade a deixaria passar sem grita, aquela mesma grita que os maldosos, entre os quais o leitor, ou os adversários, não deixarão faltar.

Quanto à malícia narrativa, observe-se que o suplício dos escravos comparece a título secundário, um detalhe entre outros, no curso de uma argumentação formalmente muito civilizada, que visa convencer das virtudes vitorianas do Cotrim. Daí o efeito de bomba, já que escravidão e açoite figuram entre as abominações da ideologia cujas marcas exteriores os cunhados ostentam e a cujo prestígio aspiram. A comicidade resulta da concisão expositiva, que realça o infundado, ou descarado, daquela preten-

---

[5] O modelo liberal e constitucional do estado-nação não ficara confinado ao mundo "desenvolvido". Ele correspondia também à aspiração dos demais países, ao menos aqueles que não tinham o propósito deliberado de fugir ao progresso moderno. Eric J. Hobsbawm, *The age of empire*, Nova York, Pantheon Books, 1987, p. 22.

são. Assim, apartados de sua circunstância de rotina, contrabando de africanos e castigo físico se encaixam a seco no contexto de atitudes e ideias liberais, território inimigo onde causam repulsa *por princípio*. A estridência abstrata e moralista — ou panfletária, ou até liberaloide — do sarcasmo deriva deste julgamento sumário de uma experiência histórica segundo o critério de outra, hegemônica e indiscutida. Ocorre porém, repisando nosso argumento, que a participação efetiva e pública no progresso do século de fato integra a identidade dos beneficiários da ordem nacional. Por aí, a prosa que justapõe as dimensões incompatíveis desta experiência de classe, em espírito de montagem acusadora, não é só maldade de Brás. Considerado o universo do romance, ela dá objetividade ao escândalo moral latente no dia a dia das personagens, que adotam e não adotam o critério liberal na apreciação de si mesmas. Assim, a disposição insultuosa do narrador se pode ver como a duplicação externa da consciência que teria de si o privilégio se buscasse coerência.

Observamos, no plano retórico, o engenho com que as formulações de Brás oferecem subsídio simultâneo a dois pontos de vista antagônicos. A posição ostensiva não vê por que objetar à reputação civilizada de um comerciante sem déficit e conforme com as práticas do país. Já a posição insidiosa põe ênfase nas mesmas práticas, e assinala a distância que as separa do ideal moderno. Este segundo ponto de vista se poderia explicitar dizendo que, metodicamente ao contrário de Cotrim, o indivíduo evoluído não tem escravos, não bate neles e não contrabandeia no ramo; a filantropia não lhe serve para humilhar o vizinho ou alcançar a honra de um retrato pintado a óleo, as boas ações que pratica não são divulgadas nas folhas, a sua vida religiosa independe de aplauso, e sua oposição escrupulosa à política de parentelas não visa casar uma sobrinha e fortalecer as alianças de família. Que pensar desta coleção de condutas, impróprias do indivíduo esclarecido, na acepção normativa da ideia, mas características de Cotrim? À primeira vista fazem que seu portador, o cunhado dele e, mais genericamente, a sociedade das *Memórias* pareçam atrasados, por provincianismo ou barbárie, risíveis sobretudo em sua pretensão de serem *adiantados*. Provincianismo e barbárie no caso se configuram negativamente, como deficiência perante o individualismo racional e universalista, um dos ideais da cultura burguesa e sombra tácita do relato. Esta caracterização negativa — a realidade enquanto não-ser do modelo — desacredita a fachada do progressismo local. Opera como desmancha-prazeres e estigma, com efeito crítico inegável, ainda que relativo. Isso porque a impugnação satírica de escravismo e clientelismo, discrepantes da norma moderna e portanto vergonhosos, expressa um modo de inferioridade por sua vez, a saber, a renúncia à experiência social própria e a subordinação à hegemonia intelectual dos países avançados, cuja autorrepresentação se torna critério absoluto. Para fugir a esta forma de bovarismo, também ela expressão de atraso, digamos que as presunções civilizadas de Brás e Cotrim se podem criticar ou recusar como descabidas, o que no entanto não lhes cancela a existência, nem impede que representem um laço real, embora esdrúxulo, com o progresso. Em lugar de insistir no disparate moral, para descartá-lo, melhor examinar-lhe a realidade e o sentido histórico, o que desloca a questão.

Voltando às condutas de Cotrim, além de impróprias de um indivíduo esclarecido *elas são próprias da sociedade colonial*, como é fácil notar. Pretensão moderna à parte, as relações de trabalho, as formas da sociabilidade, o estilo religioso, os tipos de prestígio, a própria disparidade crassa nas regras de conduta, umas ligadas ao mundo do colonizador, outras à sua relação "um pouco mais dura" com os colonizados, tudo traz aquela marca de outro tempo, do "Antigo Regime", que aliás confere certa homogeneidade atmosférica ao conjunto. Neste ponto cabe um parêntesis para lembrar o que ficou visto muitas páginas atrás a respeito do caráter conservador da Independência brasileira. Entre nós, o rompimento com a Metrópole e a abertura para o mundo contemporâneo não foram acompanhados de revolução social, como é sabido, consistindo antes num arranjo de cúpula. Ficava intacto o imenso complexo formado por trabalho escravo, sujeição pessoal e relações de clientela, desenvolvido ao longo dos séculos anteriores, ao passo que administração e proprietários locais, sobre a base mesma desta persistência, se transformavam em classe dominante nacional, e mais, em membros da burguesia mundial em constituição, bem como em protagonistas da atualidade no sentido forte da palavra.[6] A digressão mostra — espero — que a concomitância regular dos traços moderno e colonial não representa atraso nem disparate, como fazem crer a análise e o sentimento liberais, mas o resultado lógico e *emblemático* da feição que tomou o progresso no país. A situação vantajosa de personagens que a ideia de civilização implicada no capítulo faria ver como relíquias do passado é indicativa disso, no plano literário.

Colado ao Brás Cubas solidário de sua classe encontramos o seu *alter ego* esclarecido, com horror a ela, piscando o olho para o leitor e indicando como bárbaros a própria pessoa e o cunhado. Existe contudo uma terceira figura que, sem fazer uso direto da palavra, fala através da composição. Em silêncio, como lhe corresponde, o arquiteto das situações narrativas afirma que são compatíveis a efervescência do progresso, de que fazem parte as ideias liberais, e a iniquidade, que estas últimas condenam. A fun-

---

[6] Fernando A. Novais, "Passagens para o Novo Mundo", *in Novos Estudos Cebrap*, nº 9, São Paulo, julho de 1984.

cionalidade da barbárie colonial para o progresso das elites brasileiras está no centro do humor e do nihilismo machadianos.[6a] A conivência dos ricos diz respeito à conservação de relacionamentos coloniais no contexto da nação independente, em contradição com o princípio do individualismo liberal. Caso nossa paráfrase tenha cabimento, a descomunal apologia e demolição de Cotrim, empreendida por seu parente e aliado, expõe as ambivalências próprias desta situação. No nível sintético de que a literatura tem o privilégio, cruzam-se a fruição da iniquidade, em âmbito interno ao país, e o vexame do atraso, na cena internacional. Digamos então que a ironia da prosa se constitui através da referência transatlântica sistematizada. A definição de seu território não pode ser localista, nem aliás universalista, pois a rela-

---

[6a] Para uma interpretação histórica em linha diferente, ver *A pirâmide e o trapézio*, de Raymundo Faoro, São Paulo, Companhia Editora Nacional, 1974. Faoro concebe a prosa machadiana como um imenso mar de situações, anedotas e formulações, cujo depoimento histórico-sociológico procura colher, postas de parte as fronteiras entre obras e entre gêneros. O procedimento tem o seu preço, pois marginaliza o significado das formas, tácito e decisivo. Por outro lado, faculta a liberdade de circulação que permitiu ao crítico refutar de uma vez por todas a opinião comum, segundo a qual Machado teria pouco interesse pelas coisas nacionais, em especial pela política. Movendo-se no contínuo dos assuntos, o livro evidencia, além da qualidade, a enorme quantidade das observações feitas pelo romancista. Evidencia-lhes também, digamos, o ânimo histórico diferencial: as grandes mudanças se leem nos pormenores. O que talvez se possa discutir é a perspectiva geral do ensaio, que faz da obra machadiana um painel da *transição* da sociedade estamental à de classes, da ordem solidária à contratual. A penumbra melancólica da ficção seria devida ao recuo inapelável do mundo antigo, que o escritor julgava autêntico, e ao avanço da ordem burguesa, que ele não entendia e a que teria horror. A ser correta a leitura de Faoro, o sentido do romance de Machado seria *elegíaco*.

ção "anômala" entre norma burguesa e anedotas configura uma *cor* definidamente nacional. O movimento da escrita diz respeito, noutras palavras, a uma situação histórica precisa, de que faz parte um polo externo. Por outro lado, está visto que não assistimos ao enfrentamento de tendências sociais, à maneira do realismo francês. Os grandes agrupamentos que compõem a cena contemporânea não são considerados em sua dinâmica de conjunto, mas na problemática moral armada por sua coexistência. Digamos que nas *Memórias* a invenção da fábula cede parte de seu papel dinamizador à prosa narrativa ela própria, que traz para o interior de uma frase, de um raciocínio, de uma ambiguidade, e, sobretudo, para o interior da consciência moral as perspectivas conflitantes que o interesse da elite brasileira buscava acomodar. A modificação continuada dos enfoques faz que anedotas em si triviais alimentem uma escrita vertiginosa *cujas peripécias histórico-sociais residem nas guinadas entre as diferentes orientações em jogo*. Embora estas inconsistências prolonguem e acentuem realidades externas, o escândalo que as acompanha pertence ao âmbito moral e traz implícita a aspiração à coerência que se acaba de desrespeitar. Intensificado pela técnica narrativa, o atrito dos pontos de vista obriga à crise, cuja substância são as incongruências da situação brasileira — à luz do critério esclarecido. A consciência moral as questiona escrupulosamente, ainda que na forma satírica da aprovação, e, diante de sua imoralidade, conclui pela própria impotência, que é um dado mais.

A deseducação de Brás

Como se explica o caráter de Brás Cubas? A resposta está na infância da personagem, no meio doméstico, no temperamento herdado e na educação recebida.⁷ O pai, impermeável às exigências de moral ou razão, mira-se nas tropelias do menino com fatuidade e gozo irrestritos. "[...] e se às vezes me repreendia, à vista de gente, fazia-o por simples formalidade: em particular dava-me beijos."⁸ A mãe "era uma senhora fraca, de pouco cérebro e muito coração, assaz crédula, sinceramente piedosa — caseira apesar de bonita, e modesta apesar de abastada; temente às trovoadas e ao marido".⁹ O tio João destaca-se por faltar à decência em companhia de escravas e mulheres fáceis, ao passo que o outro tio, o cônego Ildefonso, sendo irrepreensível quanto à pureza, vive mais para as cerimônias do culto que para o espírito da religião. Por seu lado, a escravaria oferece campo propício às brutalidades e caprichos do Brasinho, que aliás atingem também as visitas da casa, cuja reação complacente possivelmente se deva à proeminência da família Cubas. É óbvia em cada uma destas relações a ofensa a certo ideal de razão, dignidade e firmeza interior. No todo, um ambiente composto só de defeitos, de que a volubilidade de Brás — insuficiência ela também — pareceria o fruto natural. "Dessa terra e desse estrume é que nasceu esta flor."¹⁰

    O capítulo inspira-se no Naturalismo, embora para rivalizar com ele e superá-lo. Aí estão a pesquisa das causas, a observação metódica, o ânimo científico, e mesmo a tese da hereditariedade: as disposições melancólicas da mãe e fátuas do pai *transmitem-se* ao filho.¹¹ Note-se aliás que o legado é relativamente fluido, coisa menos drástica do que as taras e a fatalidade racial da escola

---

⁷ *MPBC*, caps. X-XII.
⁸ *MPBC*, p. 129.
⁹ *MPBC*, p. 130.
¹⁰ *MPBC*, p. 131.
¹¹ *MPBC*, p. 130.

ortodoxa. Não obstante, a prudência no trato das causas "naturais" não significa desejo de atenuar ou idealizar. Muito pelo contrário, Machado quer bater o Naturalismo no terreno mesmo da descrição exata, do rigor explicativo, da percepção do escabroso, ainda que sem quebra de decoro. Assim, aos determinismos toscos de clima e raça ele opõe a força deletéria de formas culturais atrasadas, as quais estuda em monografias de poucas linhas, muito substanciosas, onde se combinam a intenção localista e o espírito analítico e crítico. Daí a excelente galeria de tipos, traçados à maneira do retrato moral universalista, mas visando realidades sócio--históricas: o ricaço que tudo permite a seu filho e herdeiro, a santa senhora enfiada em casa com as suas superstições, a sexualidade de arrabalde e senzala do tio João, o catolicismo detalhista, obediente e vazio do cônego. O conjunto forma um ambiente *social*, dotado de força causadora, a ser contrastado com a causação quase física, e por isso mesmo "científica", proposta pelo Naturalismo.

De outro ângulo, digamos que ao materialismo vulgar dos contemporâneos de vanguarda, tão sob medida para o nosso dilema racial e a vastidão do trópico, Machado contrapunha o racionalismo setecentista, de corte voltairiano, com seu interesse humorístico pela diversidade e irracionalidade das instituições. A este propósito é instrutivo lembrar uma objeção clássica à historiografia de Voltaire, historiografia que apesar da lepidez seria estática: seu repertório de anedotas, colhidas em todos os quadrantes, serviria sobretudo para ilustrar a superioridade da razão burguesa e a tolice dos humanos, dois *absolutos* que por isso mesmo ficam aquém do senso histórico propriamente dito.[12] A crí-

---

[12] Friedrich Meinecke, *Die Entstehung des Historismus*, Munique, R. Oldenbourg, 1965, cap. II. Erich Auerbach, *Mimesis*, Berna, A. Francke, cap. XV (*Mimesis: a representação da realidade na literatura ocidental*, São Paulo, Perspectiva, 1970).

tica parece ajustar-se ao estilo narrativo das *Memórias*, onde a distância cômica entre anedota e norma também é constante. Contudo, empréstimo técnico não significa horizonte igual nem exclui o funcionamento diverso: a crer em nossas análises anteriores, a oposição machadiana entre vida observada e razão tem lastro contemporâneo, a despeito do molde literário antigo. De modo inesperado, ela capta as relações ambíguas entre a estrutura social brasileira e a ideologia dominante nos países adiantados, tanto assim que a ironização do dogma racionalista — não menos que da realidade local — é um de seus modos recorrentes, expressando uma configuração histórico-social específica. Por fim, a disciplina da brevidade e a presença constante do Ideal podem parecer regressões, incompatíveis com o movimento de desidealização e a matéria essencialmente bruta e fora da lei que fez a modernidade do Naturalismo. Ocorre que o Ideal figura nas *Memórias* em forma desidealizada, ao passo que a brevidade, apesar ou por causa do espetáculo de aptidão inteligente, estende ao domínio do espírito a ferocidade e a falta de sentido que os naturalistas ancoram na esfera do instinto.

Isso posto, a qualidade primorosa das observações e de sua transposição literária não impede que estas passagens sejam momentos fracos no plano da composição. Apesar de notáveis, os capítulos centrados na formação de Brás Cubas comparam mal com as outras três partes do romance, que têm por tônica, respectivamente, a expansão do capricho narrativo, a amoralidade do adultério com Virgília, e o extraordinário clima de tédio e desagregação das páginas finais. É certo que a educação frouxa explica plausivelmente o caráter volúvel da personagem-Autor. Mas confere-lhe também a marca inequívoca da inferioridade, o que, dada a ambivalência axiológica própria à forma das *Memórias*, representa um erro artístico e, consequentemente, perda de tensão. Não obstante o propósito crítico, a denúncia da deseducação de Brás tem algo edificante, pelo elogio tácito do padrão burguês de disciplina. Ao longo de algumas páginas sabemos onde está a verdade, com prejuízo para a complexidade ideológica e a integridade formal do livro.

Voltando às relações familiares, o pai namora-se no filho, sobretudo em seus malfeitos, que funcionam como extensão graciosa da impunidade do primeiro. Atropelar a dignidade do próximo e viver como manda o capricho são condutas que parecem indicar uma existência acima da lei. Contudo, os dois Cubas conformam-se estritamente à regra da oligarquia, a saber, na circunstância, casamento arranjado, filhotismo político e horror aos pobres, além de pretenderem ao estatuto de adiantados ("meu pai [...] aplicava na minha educação um sistema inteiramente superior ao sistema usado").[13] Ainda uma vez o desrespeito à lei, o conformismo oligárquico e a presunção moderna andam juntos. Como de hábito, a inviabilidade da aliança só se pode passar por alto graças à conivência de classe. E de fato, o embevecimento paterno diante dos abusos do herdeiro excede o lugar-comum a respeito da cegueira do amor: isto porque inclui uma inflexão social cujo travo está na prepotência dos ricos e na situação histórica de que esta é parte.

"— É muito esperto o seu menino, exclamavam os ouvintes. — Muito esperto, concordava meu pai; e os olhos babavam-se-lhe de orgulho, e ele espalmava a mão sobre a minha cabeça, fitava-me longo tempo, namorado, cheio de si."[14] A complacência da alma consigo mesma, devida aqui às admirações colhidas pelo filho, corresponde a um interesse machadiano particular. Ela pode ser causada indiferentemente pelo estômago satisfeito,

---

[13] *MPBC*, p. 130.
[14] *MPBC*, p. 128.

pelo amor, pela inveja alheia, por uma carta de ministro, pela cessação de um constrangimento, por elogios despejados sobre um verso ruim. Nestas circunstâncias, ou noutras parecidas, os olhos voltam-se para dentro com delícia — "Ele não via nada, via-se a si mesmo"[15] — e a vida flui mais devagar. Os episódios desse tipo voltam periodicamente e têm lugar estrutural na matéria das *Memórias*. São os "bons momentos"[16] a que, no *Quincas Borba*, anos mais tarde, Rubião fará referência explícita, variantes locais daquela plenitude que no *Fausto* de Goethe suspende a inquietação transformadora e faz desejar que o tempo se demore e aquiete. Como a crueldade no capítulo da moça coxa, ou a conivência no capítulo de Cotrim, os estados de embevecimento realizam uma das figuras cardeais da volubilidade que estamos estudando. E também aqui a referência à estrutura social iníqua é a chave do significado latente: à luz dela, o entendimento entre as almas acumpliciadas ou, no limite, o acordo da alma consigo mesma adquirem a ponta ignóbil que lhes é própria neste livro. No recesso da consciência ou no espaço da cumplicidade de classe, trata-se da satisfação de violar a lei e juntamente prestigiá-la, com benefício dos aplausos devidos a uma e outra atitude.

Virgília

Como força de afirmação e definição do indivíduo, o amor nas *Memórias* é frouxo, evitando fazer frente a seus adversários. Em certa medida, a instituição, a injustiça, o olhar de terceiros e

---

[15] *MPBC*, p. 134.
[16] *Quincas Borba, in OC*, vol. I, p. 576.

a inconstância dos sentidos lhe servem até mesmo de aliados. E o que é mais, a conformidade não lhe prejudica a plenitude, por momentos enorme, além de enigmática.

Nada mais medíocre e menos romanesco do que o triângulo amoroso formado por Virgília, Brás Cubas e Lobo Neves. Com empenho módico, o amante procura tomar a mulher ao marido, mas logo se acomoda no adultério, a que o mexerico e a inveja alheia emprestam sal — o todo sem prejuízo de lágrimas e grandes gestos ocasionais. Por seu lado, o marido ignora ao máximo os indícios disponíveis, e só toma providências quando acuado pelo zunzum da opinião anônima, o qual demonstra ser, por isso mesmo, "uma boa solda das instituições domésticas".[17] Assim, norma e transgressão existem, mas funcionam de maneira diversa do esperado. Entre as duas há lugar para uma variedade de formas intermediárias, mais reais que o antagonismo. O próprio narrador tampouco é romântico, e seu comentário, sempre escarninho, não polariza aspiração individual e casamento: prefere estudar o sistema de compensações voluntárias e involuntárias que fazem que Brás e Lobo Neves vivam "contentes um do outro", ou quase.[18] Noutras palavras, também no plano da curiosidade analítica as satisfações da acomodação primam sobre a exigência do amor exclusivo. Relacionamentos rasos, sem grandeza, que entretanto permitirão a Machado explorar terra incógnita.

A estatura apequenada das personagens masculinas deve-se à preponderância do acaso e da opinião dos outros em decisões ditas — grave e enfaticamente — autônomas. Esta discrepância não resulta dos constrangimentos do adultério, não

---

[17] *MPBC*, p. 261.
[18] *MPBC*, p. 188.

desaparece com eles, nem se limita a seu âmbito. Brás é romântico da mesma forma perfunctória como é liberal, cientista, filósofo, político ou poeta: para acompanhar os tempos, segundo as prerrogativas da própria posição e sem a disciplina exigível. Para Lobo Neves vale algo semelhante. Trata-se de um modo geral de ser, cujo fundamento de classe e vínculo com a realidade nacional já procuramos indicar. Isso naturalmente não quer dizer que no Brasil não ocorressem fugas por amor ou que os maridos não matassem os rivais ou as esposas infiéis. Quer dizer apenas que Machado isolava certo tipo de relacionamento com a norma burguesa contemporânea como sendo característico do país. A cor local do episódio entre Virgília e Brás não decorre da infidelidade conjugal, mas do trato peculiar com aquela norma.

Virgília, contrariamente aos cavalheiros, não é uma figura diminuída. Também ela faz questão do bom e do melhor, em que se incluem as audácias da elegância moderna tanto quanto as vantagens da situação tradicional. Brilho mundano, um pouco de agnosticismo, galanteios românticos, liberdade no amor — sem prejuízo de vida familiar sólida, consideração pública, oratório de jacarandá no quarto, reputação imaculada, privilégio. Ocorre que a busca simultânea destes benefícios contraditórios diminui os varões, pois lhes tira o crédito à gravidade moral, assentada sobre a presunção de consistência. Ao passo que na mulher a mesma inconsistência é um encanto a mais, e até manifestação de força, já que indica a possibilidade de satisfação em toda a linha onde a mania masculina da coerência só enxerga inviabilidade e necessidade de optar. Virgília, posta diante de uma alternativa, escolhe os dois partidos. Para que fugir com Brás? Não era melhor encontrarem-se numa casinha discreta? "Vi que era impossível separar duas cousas que no espírito dela estavam inteiramente ligadas: o nosso amor e a consideração pública. Virgília era capaz de eguais e grandes sacrifícios para conservar ambas as vantagens, e a fuga só lhe deixava uma."[19] Em si, o contraste da psicologia feminina e masculina nada tem de notável. Entretanto, em plano deslocado, ele repercute o tema estrutural das *Memórias*. Alude à união "indigna" de progresso europeu e arcaísmo colonial, oferecendo duas maneiras de encará-la. Assim, em consciência, um cavalheiro ilustrado dirá que a dita união é um vexame e deixará entrever algum tipo de mal-estar, ainda que sem consequência prática, pois trata-se de uma imposição da realidade, e não de uma escolha. O próprio foro íntimo, âmbito prestigioso e universalizador onde a discrepância se faz sentir, no caso tem um quê deslocado; talvez fizesse parte do equipamento do homem atualizado a mesmo título que os charutos e a casaca estrita. Seja como for, contestada pela escravidão e pelo paternalismo ambientes, a ênfase nos princípios imprime aos atos masculinos alguma coisa risível, algo que excede a psicologia dos sexos e configura um dos modos básicos de viver a problemática da classe dominante nacional. Já as mulheres, alheias ao rigor universalista do preceito burguês, que nelas pareceria duro, optam por não optar: não veem por que renunciar a benefícios ao alcance da mão, que só a superstição das formas liberais ou a ideia fixa da justificação de si permanente tornam incompatíveis. O antiformalismo na consideração da norma as preserva de uma ilusão central ao Brasil oitocentista. Em consequência, no universo machadiano, são elas as figuras capazes de harmonia, entendido o termo em acepção extramoral. O estatuto brasileiro da lei burguesa, que vale e não vale, é o referente remoto desta relativização do escrúpulo — encantadora ou detestável segundo o caso. Quando Virgília se dispõe, como vimos,

---

[19] *MPBC*, pp. 210-1.

a "eguais e grandes sacrifícios para conservar ambas as vantagens", desenvolve a postura interiormente desimpedida que permitiria à classe dominante gozar sem rebaixamento o seu privilégio composto de escravidão, mandonismo e vida moderna. A esse propósito é sugestiva a cena onde a dona resplandecente é contrariada: desata a chorar e mete um lenço na boca, para recalcar os soluços e não atrair gente, explosão violenta em que o sentimento do certo e do errado não tem parte.

Psicologia feminina, estrutura romanesca e particularidade histórica do país comunicam entre si, produzindo o tipo de ressonância próprio à ficção realista. Isso posto, a proximidade entre a mulher e a natureza instintiva, que pode funcionar como insulto ou elogio, é uma idealização geral da época, sem nada especialmente brasileiro. O termo de contraste seria o artificialismo da vida masculina, revolucionada naquele momento pelo sistema de exigências do capital — enquanto mães, esposas e filhas, desde que não fossem pobres, continuavam confinadas a tarefas e sentimentos familiares, ficando a salvo, ou privadas, conforme o ponto de vista, do convívio direto com a nova realidade.[20] Daí o conjunto de diferenças que, a partir de meados do século, misturadas a Darwin e Schopenhauer, alimentaram mais outra refundação do mito de Eva, agora como polo antitético à ordem vigente, e até como alternativa histórica para ela. Nesta linha, o campo feminino veio a representar um amálgama de inconsciência, força telúrica e apetite animal, capaz, segundo os simpatizantes, de regenerar a decadente civilização masculino-cristã. Observações análogas levavam os misóginos à avaliação contrária, salientando o infantilismo e a amoralidade das damas, sempre carentes do freio patriarcal.

---

[20] Max Horkheimer, "Autorität und Familie", parte III, *Kritische Theorie*, Frankfurt/M., Fischer, 1977.

Uma amostra errática bastará para indicar a tendência, em que se originam muitos temas do feminismo de nossos dias. Ibsen, por exemplo, irá procurar nas mulheres a integridade capaz de suplantar o convencionalismo e a hipocrisia do mundo burguês, representado pelos maridos e pelos pais atolados em negócios. Rilke, nas *Cartas a um jovem poeta*, esperava que a concentração, a capacidade de espera, o sentido do mistério — espiritualizações de aspectos da gravidez — fundassem a ordem futura e livrassem os homens da doentia dispersão utilitária. A *Lulu* de Wedekind representa o sexo enfim emancipado da tutela familiar, o mesmo que Karl Kraus procurava na inocência das prostitutas. Já Otto Weininger encara a naturalidade feminina como inimiga absoluta da vida normativa ou consciente, e da cultura em geral, que seria masculina. Freud foi leitor interessado de *Sexo e caráter*, a obra de Weininger, e de fato, na 33ª preleção introdutória à psicanálise vamos reencontrar, formulada com urbanidade perfeita, a tese do caráter comparativamente amoral da mulher, devido ao interesse que tem a menina em casar com o pai, em lugar de matá-lo, como seria necessário para a boa formação do superego. A especulação oswaldiana sobre o matriarcado de Pindorama pertence à mesma tradição. Sem multiplicar exemplos, digamos enfim que Virgília trazia esta linhagem ao Brasil relativamente cedo. Como as suas colegas, também ela perturba por desconhecer na prática — mais que por combater — o conceito burguês da realidade, sobretudo a concepção contratualista do eu. Quando propõe a Brás Cubas "uma casinha só nossa, solitária, metida num jardim, em alguma rua escondida", Virgília fala "com tom preguiçoso de quem não cuida em mal, e o sorriso que derreava os cantos da boca trazia uma expressão de candidez".[21]

---

[21] *MPBC*, p. 207.

Não se trata de crime ou direito, mas de arranjar as coisas de modo satisfatório, ingenuidade que no mundo machadiano é concomitantemente divina e ignóbil. Para nosso argumento, anote-se que através da indiferença moral de suas personagens femininas Machado casava temas novos da filosofa europeia do inconsciente à situação histórica da elite brasileira, condenada, pela circunstância, a tomar liberdades com a lei.

Na prosa das *Memórias*, o cotidiano fluminense convive com alegorias barrocas da insignificância humana, heróis fundadores da Idade Moderna, figuras bíblicas, e também com episódios da Antiguidade Clássica. Um procedimento satírico muito do século, adequado à impressão de amesquinhamento produzida pela reordenação da sociedade em função da propriedade privada. Segundo o argumento famoso de Marx, a revolução burguesa em seu período heroico se havia concebido em toga romana, para trocá-la em seguida por roupa prosaica e apropriada à perseguição do lucro, que vinha a ser a verdadeira finalidade dos novos tempos.[22] Era natural que os artistas insistissem na toga, para frisar o contraste. No romance machadiano, entretanto, as fórmulas literárias ligadas a universos não burgueses têm mais outra função: indiretamente indicam dimensões efetivas da existência local, também ela extraburguesa em parte, dimensões que fogem ao recorte individualista pressuposto na prosa do Realismo.

A própria Virgília tem a boca "fresca como a madrugada, e insaciável como a morte". Na estação madura da vida a sua beleza chega ao "grandioso". A figura é talhada em mármore grego, "lavor nobre, rasgado e puro, tranquilamente bela, como as estátuas". A sua pupila "resumia todo o amor".[23] Mais tarde ela

---

[22] Karl Marx, *O 18 Brumário de Luís Bonaparte*, cap. I.
[23] *MPBC*, pp. 203-4.

parecerá uma "imponente ruína".²⁴ A reverberação mítica da personagem, que de resto vive as complicações triviais de casamento, adultério, doença de parentes, disputas de herança, ânsias de baronato etc., estava em linha com a reação antinaturalista contemporânea. Deixando de lado a questão dos modelos literários, vejamos a inesperada capacidade de realismo social destas imagens. As estações da vida, dos dias, do desejo, da maturação e desmoronamento dos corpos, são ritmos que, pela generalidade cíclica, escapam às coordenadas da ação individual e histórica na sua acepção moderna. Mesma coisa para o indivíduo supraindividual, que resume em si a totalidade de um sentimento humano, de que se torna o símbolo. É claro que esta visão das coisas não ficou fora da ficção realista, que a utilizou amplamente, como contraste capaz de salientar e problematizar o novo modo de ser. Nas *Memórias*, porém, ela ecoa no centro mesmo do entrecho, marcado, ou melhor, *desqualificado* pela ausência de ação individual mais enérgica e definidora. Na falta de méritos burgueses, que o retesem à força de projetos e contradições, o tempo flui segundo um modo não denominado, mas bem configurado, cujo traço distintivo está na pouca importância da parte deliberada da vida. Condicionado pela insuficiência histórica do país, este andamento tem sinal negativo (a inércia dos condôminos de um empreendimento escravista). Como contrapartida da diminuição, entretanto, emerge uma espécie peculiar de grandeza, a que Machado, com a sua notável independência ideológico-literária, dá visibilidade. Uma grandeza compatível até certo ponto com o arsenal de imagens e fórmulas da literatura clássica — o sinal agora é positivo — comportando mesmo aspectos épicos, se entendermos pela ex-

---

[24] *MPBC*, p. 117.

pressão a unidade das personagens com o ciclo natural e consigo mesmas.

A beleza de Virgília, por exemplo, culmina e atinge dimensão heroica fora de quaisquer considerações biográficas, morais ou sociais, a que por assim dizer não pede licença. Também os amores clandestinos com Brás Cubas depois de algum tempo alcançam o zênite e por aí ficam, isto sem maiores motivos — quer dizer, sem mérito, remorso, perspectiva, exemplaridade etc. Uma indiferença moral que não supera a culpa, não a assimila, nem muito menos é inocente, e cuja profundidade romanesca se deve à afinidade com a relativização geral da norma nas *Memórias*. É notável a força poética destas invenções de enredo, em que o curso das coisas brasileiras está condensado e questionado ao máximo — e tende a passar despercebida, pois não vem acompanhada de comentário. Neste contexto, Virgília e sua boca de madrugada e morte são mais do que uma alegoria da ilusão carnal: no ambiente analítico e desabusado da prosa de romance, a brevidade clássica significa supressão dos complicadores ligados à realização individual dos amantes, o que, paradoxalmente, funciona como uma sugestão de particularidade histórica. É no quadro de indolência e privilégio — quase se diria tropical — armado no plano da fábula que a expressão adquire o seu valor exato.

Como um verão, desvinculada de virtude, esforço, clareza, lá está a plenitude amorosa. No mesmo espírito, passado algum tempo, a causa única do desamor será o fastio, livre também ele de complicações outras. Pouco enquadrado pelas normas e finalidades que presidem à realização do indivíduo, o desejo corre um ciclo à parte, com estações peculiares. Inquietação e saciedade, curiosidade e tédio, atração e repugnância, com momentos de plenitude pelo meio, estes são os polos nada cristãos entre os quais se agita a fome amorosa, em sucessão rápida e recorrente, uns alimentando e espicaçando os outros. O quer-não-quer em estado puro, no seu esplendor e na sua vacuidade. A realidade autônoma e diferenciada do desejo constitui por si mesma uma façanha crítica, e sua presença literária traz outros avanços. Veja-se neste sentido um fato de composição, uma destas disposições da intriga em que reside a profundidade de romances e romancistas: a relação entre Virgília e Brás não só é plena, como é *longa*, apesar de desprovida dos motivos nobres que também nas ligações irregulares costumam ser o penhor da continuidade. Ao contrário do que pretende a tese moralista, há razões não coercitivas para que as atrações humanas durem, e a alternativa para o sentimento contratado não é o caos...

A redefinição contextual de termos consagrados oferece indicações análogas (e tácitas). "Fresca como a madrugada, e insaciável como a morte", a boca de Virgília é barroca nos termos, mas darwiniana na referência. Lembra a personificação feminina da Natureza, a giganta que no capítulo do Delírio havia transformado noutra coisa a maternidade, a juventude, a esperança ou a morte, modificadas no âmago pela subordinação ao novo conceito de conservação da espécie. Assim, na expressão que está nos interessando, a madrugada não pertence ao começo, nem a morte pertence ao final: as duas estão juntas em pleno meio-dia de Virgília. Note-se que madrugada aqui não tem nada de virginal: um frescor que, por assim dizer, se acentua com o uso. Por sua vez, a morte é ávida, e não decrépita. A surpresa da formulação está na interpenetração de extremos que pareceriam opostos. Tanto que os adjetivos de um podem servir ao outro, ou se podem somar. Fresca e insaciável, excedendo — no plano sexual — tudo o que um homem pode oferecer, a madrugada é mortal. Ao passo que a morte está sempre madrugando. Tempo e termo estão completamente redefinidos, no interior de um processo que tem como finalidade a própria repetição — com modelo na reprodução da espécie e tendo em vista sobretudo a sua indiferença para com a ordenação moralmente caucionada, ou burguesa, da vida.

Reatando com argumentos anteriores, digamos então que a nitidez e a movimentação específica do desejo, tão extraordinárias neste romance, devem-se a certo grau de indefinição — ou fraqueza, se quisermos usar o critério moral — das personagens, o que tampouco é canônico. Noutras palavras, a ficção machadiana dá forma clara à degradação causada à vida pelo funcionamento incompleto do padrão burguês no país, e torna palpável, no mesmo passo, a folga e plenitude possibilitadas por essa insuficiência. De outro ângulo ainda, digamos que o aburguesamento incompleto dos costumes brasileiros permitia a Machado estudar o dinamismo despoliciado do desejo em termos semelhantes àqueles — revolucionários — ocasionados na Europa pela emancipação da sexualidade como esfera autônoma de vida.

A ubiquidade da nota mesquinha é assegurada pelos procedimentos do narrador, que funcionam como um *a priori*. Os amores de Virgília e Brás nem bem haviam começado, e já o defunto, para lhes cortar o suspense, antecipa a síntese do que viria depois: "uma vida de delícias, de terrores, de remorsos, de prazeres que rematavam em dor, de aflições que desabrochavam em alegria", e "o resto do resto, que é o fastio e a saciedade".[25] Em termos de aventura, em fim de contas a dimensão de poesia da vida individual, a contiguidade de começo e fim anula a tensão entre os extremos e, com ela, o interesse das passagens intermédias. Mesma coisa para o citado resumo dos amores, que pelo grau de abstração esteriliza a singularidade da peripécia, cujo ponto final será, como é inelutável, o mesmo de todas as outras.

---

[25] *MPBC*, p. 192.

"Mas o livro [...] cheira a sepulcro, traz certa contração cadavérica."[26] Em plano diverso, o ponto de fuga posto no fastio e na saciedade tem resultado nivelador semelhante. Isso posto, não falta um travo erótico à equivalência de tudo e todos e à vontade pura e simplesmente saciada. O insulto à dimensão individual da vida não parece enfraquecer o sexo, pelo contrário. Nem o amor, por não levar a nada, parece menos vivo. Também no plano da ação, as personagens são frouxas de certo ponto de vista, e vigorosas de outro. Entre duas valsas, enquanto entregava Virgília aos braços do cavalheiro seguinte, Brás diz com seus botões: "É minha!". O desencontro de realidade e imaginação não podia ser mais coreográfico: o galã abraça a sua fantasia ao mesmo tempo que a dama se afasta. Mais tarde, voltando para casa, ele vê reluzir no chão "uma cousa redonda e amarela. Abaixei-me; era uma moeda de ouro, uma meia dobra. — É minha! repeti eu a rir-me, e meti-a no bolso". A moeda naturalmente teria dono, como aliás Virgília, que é casada. "[...] uns repelões na consciência" fazem que Brás remeta o achado ao chefe de polícia, rogando que o devolva ao verdadeiro proprietário. Uma bonita ação, destinada a aplacar os escrúpulos — do valsista.[27]

Reduzidos ao esqueleto, estes episódios fornecem o diagrama elementar da conduta nas *Memórias*. Em lugar de se completarem no plano objetivo, os atos concluem na imaginação, onde as dificuldades reais são compensadas de imediato. Na segunda anedota, o processo é mais complexo. A satisfação de um escrúpulo secundário serve para acalmar o outro principal. A devolução da moeda, acompanhada da correspondente estima pública,

---

[26] *MPBC*, p. 214.

[27] *MPBC*, pp. 188-9.

permite à personagem passar por alto a questão moral do adultério. Note-se que esta substituição de escrúpulos transcende a hipocrisia e a dimensão individual da compensação imaginária. Ela se opera por intermédio da aprovação social efetiva, que por sua vez substitui a convicção interior, embora lhe conservando as aparências. O interesse estrutural que têm os setores europeizados da sociedade em desconversar — em sustentar o caráter civilizado do país, por oposição a suas formas de dominação *incivil* — constitui o solo da universalização deste mecanismo, cujo ponto de aplicação crucial não é o adultério, como aliás o adultério, embora esteja no centro do livro, não é o tema profundo deste. Graças a tais movimentos, Brás pode estar em situação irregular e, ao mesmo tempo, irreprochável (embora noutro tópico). Do ponto de vista esclarecido estrito, o deslizamento rebaixa a personagem, que não enfrenta a sua realidade, não lhe assimila os problemas e não busca solucioná-los de forma conscienciosa ou universalizável. Já do ponto de vista conivente, a natureza meritória da ação substituta ratifica o *rigor de caráter* do figurão. Dispensa comentário a funcionalidade social deste esquema no caso brasileiro.

A equivalência do que não é comparável, ditada por conveniências de momento, denota o sujeito pouco integrado. Um assunto de sátira, que põe na berlinda a fraqueza humana (local), e não a norma. Todavia, esparsa e cifradamente a matéria comporta também desenvolvimentos em sentido contrário, e a descrença na *unicidade* ou no *insubstituível* ocupa um lugar estratégico no livro. À comédia das substituições, cujas personagens vivem em falta com o padrão europeu de constância e responsabilidade, acrescenta-se outra mais radical, que coloca em dúvida a identidade ela mesma — da pessoa, do amor, dos atos, dos objetos. E se a unidade do indivíduo, mais os seus correlatos de propriedade privada, monogamia, autonomia moral e intelectual forem ilusão, ou, na melhor das hipóteses, um caso particular inutilmente transformado em mandamento? Entra aí o bibliômano do capítulo LXXII, a quem pouco importa o conteúdo dos livros, desde que sejam exemplares únicos — certamente insinuando que a unicidade é uma mania entre outras. "Único!" Analogamente, noutro passo, o pai de Brás havia exclamado "Um Cubas!",[28] convencido da singularidade e nobreza de sua família, cuja genealogia entretanto ele mesmo se havia encarregado de falsificar. São ideias fixas, ou quase, pois a fixidez tampouco existe, como lembra o próprio narrador, a quem não ocorre nada mais fixo neste mundo que "a finada dieta germânica".[29] Isso posto, se o uno é ilusório, não quer dizer que a diversidade exista. Ao fim e ao cabo, as coisas humanas formam um "Espetáculo cujo fim é divertir o planeta Saturno, que anda muito aborrecido":[30] toda agitação é vã, e tudo, dependendo do ponto de vista, é a mesma coisa, sendo que na mesmice não há único nem diverso (Saturno é o signo da melancolia). Nesta linha de relatividade geral, um muro que em começo de namoro não é nada, tempos depois, sem haver aumentado de altura, figura como um obstáculo insano. Perto do final, assistindo ao enterro de Lobo Neves, o rival e amigo fica perplexo com as lágrimas da mulher: "Virgília traíra o marido com sinceridade, e agora chorava-o com sinceridade".[31] Por essa época o espírito de Brás Cubas dá sinais de dissolução, e vai e vem como uma peteca — note-se que noutros momentos não era diferente. Nem mesmo a voz do sangue é segura: quando Brás repreende Virgília

---

[28] *MPBC*, pp. 179-80.
[29] *MPBC*, p. 115.
[30] *MPBC*, p. 282.
[31] *MPBC*, p. 297.

em nome de seus direitos de futuro pai, ela desvia os olhos e sorri "de um jeito incrédulo",[32] o que faz supor que o "fluido subtil",[33] a "voz misteriosa"[34] ou a "voz secreta"[35] possam mentir. Por que não seria pai o esposo legítimo? E de fato, dois capítulos depois, Lobo Neves e Brás Cubas conversam, tão inconsoláveis um como o outro, sobre a perda sofrida por Virgília, perda ocorrida aliás "naquele ponto em que se não distingue Laplace de uma tartaruga",[36] o que acrescenta à dúvida sobre a paternidade a incerteza sobre o momento a partir do qual um indivíduo é ele mesmo.

Para ter ideia da comoção causada por estes pontos de vista, geralmente expostos em veia cômica, veja-se uma das frases violentas do livro. "O lábio do homem não é como a pata do cavalo de Átila, que esterilizava o solo em que batia; é justamente o contrário."[37] A formulação refere-se ao par de beijos trocados entre Virgília e Brás, beijos que logo adiante não impediram a moça de preferir outro noivo — o mesmo Lobo Neves que depois iria partilhá-la com o mesmíssimo Brás. De um lado o lábio, atributo delicado e nobre do mais nobre dos seres; de outro, os cascos de um animal-flagelo, montaria do rei dos bárbaros. A comparação pertence ao rol das "enormidades" cuja ocorrência periódica desestabiliza o realismo miúdo das *Memórias*, puxando-o para coordenadas drásticas, onde a rotina confina com

---

[32] *MPBC*, p. 243.
[33] *MPBC*, p. 233.
[34] *MPBC*, p. 242.
[35] *MPBC*, p. 239.
[36] *MPBC*, p. 243.
[37] *MPBC*, p. 179.

o inadmissível. Ostensivamente, o confronto não quer assimilar mas distinguir: o lábio do homem não só não esteriliza, como fecunda. No contexto de juras traídas, entretanto, com acento no vínculo de posse exclusiva, a fecundação é que aparece como flagelo, e, visto que o contrário de *único* no caso é *todos*, um flagelo que tem pela frente vastos territórios para barbarizar, tal qual o bárbaro-mor. Aliás, bem pesada a entonação da frase, sobretudo na parte final, nota-se que o namorado desiludido *lamenta* a diferença, pois se lábios pisassem como cascos, a fidelidade amorosa estaria assegurada, o que não deixa de lançar luz sobre certa dimensão selvagem do mandamento monogâmico. Tanto mais se lembrarmos, com o próprio Brás, que o seu interesse por Virgília naquele momento era pouca coisa. A crispação do trecho deve-se ao horror moralista que a posição esclarecida experimenta diante das próprias conclusões, donde também o ingrediente depreciativo em sua tolerância. O observador destemido nota que um amor traz outros amores, que o desejo, para realizar-se, passa "sinceramente" por mais de um indivíduo, ou, por outra, que o circuito da energia imaginativa é cheio de substituições, fusões, associações, montagens, empréstimos, muito mais socializado e complexo, enfim, que o padrão de átomos estanques do mito burguês; com igual nitidez, entretanto, o seu *alter ego* normativo invoca os estereótipos e bichos-papões do moralismo estrito: promiscuidade, barbárie, caos. Sem ponte à vista, as categorias do individualismo são abaladas como realidade, e reafirmadas como exigência.

Assim, conduzido pelo estatuto inconvincente da norma no Brasil, Machado desenvolvia uma análise extramoral dos relacionamentos humanos, e, sobretudo, do funcionamento da própria norma. Posição de vanguarda, que o colocava na família dos escritores propriamente investigativos, para os quais a realidade certamente não tinha o sentido que apregoava, se é que tinha algum. Por outro lado, aquele estatuto não deixava de ser um defeito local, de modo que a clarividência a respeito, gerando embora ceticismo, não gerava propriamente um patamar de existência renovado — o que hoje, se pensarmos na ideologização furiosa da época, pode parecer uma superioridade suplementar. No mais alto nível, despido de provincianismo e deslumbramento, reencontramos o limite da civilização reflexa.

8. O papel das ideias

"A nova geração frequenta os escritores da ciência; não há aí poeta digno desse nome que não converse um pouco, ao menos, com os naturalistas e filósofos modernos."

Machado de Assis, "A nova geração"

A presença abundante de teorias científicas e filosóficas nas *Memórias* refletia um assunto de atualidade. Conforme a expressão pitoresca de Sílvio Romero, os anos setenta do século XIX haviam visto chegar ao país "um bando de ideias novas".[1] Positivismo, Naturalismo e diversas formas de Evolucionismo disputavam a praça com outras escolas. A sua terminologia, tão prestigiosamente moderna quanto estranha à vida corrente, anunciava rupturas radicais; prometia substituir o mecanismo atrasado da patronagem oligárquica por espécies novas de autoridade, fundadas na ciência e no mérito intelectual.

---

[1] Sílvio Romero, "O Brasil social de Euclides da Cunha", *in Realidades e ilusões no Brasil* (seleção e coord. Hildon Rocha), Petrópolis, Vozes, 1979, p. 163.

Era natural que os entusiastas transformassem o espírito científico em panaceia e no contrário dele mesmo. Já Machado percebeu as ironias latentes na situação e tratou de explorá-las sistematicamente. Onde os deslumbrados enxergavam a redenção, ele tomava recuo e anotava a existência de um problema específico. No contexto brasileiro, a leitura e propagação das novas luzes europeias ocorria de modo particular, com ridículos também particulares.

O ensaio sobre "A nova geração", de 1879, insistia justamente na maneira pouco apropriada pela qual os poetas vinham assimilando a tendência europeia recente. Aqui e ali, procurando explicitar improbriedades, Machado encontrava fórmulas para a comicidade objetiva deste processo. O conjunto das anotações esboça uma problemática de muito alcance, e compõe, ou abstrai, no que diz respeito ao funcionamento da vida intelectual, a matéria literária das *Memórias*.

Por exemplo, a rapaziada "manifesta certamente o desejo de ver alguma coisa por terra", embora não saiba bem o quê. Na falta de objetivo exato, o ímpeto demolidor faz figura descabelada, o que não o impedia, paradoxalmente, de traduzir "otimismo, não só tranquilo, mas triunfante", pois "a ordem geral do universo parece-lhe [à mocidade] a perfeição mesma". Isso porque "a teoria da seleção natural dá a vitória aos mais aptos", assim como "outra lei, a que se poderá chamar seleção social, entregará a palma aos mais puros".[2]

O progressismo alvar não seria uma exclusividade brasileira, nem a nota dominante daqueles anos. Contudo, associado ao atraso ambiente, ele adquire feição patética e um quê localista.

---

[2] Machado de Assis, "A nova geração", *OC*, vol. III, Rio de Janeiro, Aguilar, 1959, p. 824.

O papel das ideias

Com efeito, só fazendo abstração completa da realidade, ainda que em nome de uma lei natural ilustre, seriam possíveis o mencionado otimismo e o correspondente contentamento de si. Machado duvidava do *aggiornamento* repentino por obra da ciência, e tampouco acreditava na independência intelectual súbita. "A atual geração, quaisquer que sejam os seus talentos, não pode esquivar-se às condições do meio; afirmar-se-á pela inspiração pessoal, pela caracterização do produto, mas o influxo externo é que determina a direção do movimento; não há por ora no nosso ambiente a força necessária à invenção de doutrinas novas."[3]

É ilustrativa, a propósito, a súmula machadiana da revisão que Sílvio Romero empreendia da cena contemporânea. Este "examina uma por uma as bandeiras hasteadas, e prontamente as derruba; nenhuma pode satisfazer as aspirações novas. A revolução foi parca de ideias, o Positivismo está acabado como sistema, o Socialismo não tem sequer o alto sentido filosófico do Positivismo, o Romantismo transformado é uma fórmula vã, finalmente o idealismo metafísico equivale aos sonhos de um histérico; eis aí o extrato de três páginas".[4] Ideias modernas aqui são tudo — não há nada além delas — e nada — como indicam as execuções sumárias. Abrangência e irresponsabilidade da crítica, ambas totais, mal ou bem desenhavam um tipo de estudioso e uma situação cultural. Como qualificar a imensidade e o vazio de tais aspirações? Machado descobria para a literatura estes modos de ser, e os fixava para a reflexão. Nas *Memórias*, a mesma técnica do resumo ideológico — "eis aí o extrato de três páginas" — iria lhe possibilitar o imortal retrato do Damasceno,

---

[3] *Idem*, pp. 826-7.
[4] *Idem*, pp. 825-6.

nacionalista exaltado, inimigo dos ingleses, partidário da reativação do tráfico de africanos, e melômano.[5]

O penúltimo parágrafo do ensaio agrupa algumas taras do uso provinciano da ciência. Esta, contrariando seus mandamentos elementares, servia para espezinhar os conterrâneos menos preparados e para engrossar o pedantismo da geração que chegava. "[...] daí vem que os nomes ainda frescos na memória, a terminologia apanhada pela rama, são logo transferidos ao papel, e quanto mais crespos forem os nomes e as palavras, tanto melhor. Digo aos moços que a verdadeira ciência não é a que se incrusta para ornato, mas a que se assimila para nutrição; e que o modo eficaz de mostrar que se possui um método científico, não é proclamá-lo a todos os instantes, mas aplicá-lo oportunamente. Nisto o melhor exemplo são os luminares da ciência; releiam os moços o seu Spencer e seu Darwin. Fujam também a outro perigo: o espírito de seita [...]."[6] O tom professoral não é simpático, mas a citação documenta o trabalho do observador diante de um fenômeno novo.

Note-se que a polaridade entre invenção e rotina, ou, noutro plano, entre progressismo e passadismo, não dá conta da posição de Machado. Esta se apoia numa constatação: "não há por ora no nosso ambiente a força necessária à invenção de doutrinas novas", o que, aliás, "chega a ser uma verdade de La Palisse".[7] Sem representar uma descoberta, e muito menos uma teoria, conforme lembra o próprio autor, este juízo incorporava um dado de realidade do mundo contemporâneo. As inovações definidoras manifestam algum tipo de força que não está a todo momento

---

[5] *MPBC*, cap. XCII.
[6] "A nova geração", p. 848.
[7] *Idem*, p. 826.

em toda parte. A cena da cultura internacional não é homogênea, e às suas desigualdades correspondem problemas diferentes conforme o lugar e a ocasião. Nos exemplos que vimos, o riso se prende ao consumo ingênuo da novidade. Não se tratava de recusá-la ou não estudá-la — pelo contrário. Mas o principal da atenção está voltado para o modo de seu aproveitamento. Noutras palavras, a parte da adaptação, ou seja, da imitação *criteriosa* está em primeiro plano no exame machadiano da produção cultural. Este ângulo respondia deliberadamente ao problema do país novo, que por força incorporava alguns dos travejamentos da sociedade contemporânea. Longe de significar aceitação passiva, o reconhecimento de um ponto de partida desvantajoso criava condições reais de independência crítica. Esta transformava em fermento artístico e de conhecimento as relações de inadequação entre a realidade local e a forma emprestada (em lugar de chorá-las ou negá-las). Lembremos ainda uma vez que a virtualidade crítica desta inadequação não é unidirecional: o uso equivocado da ciência, por exemplo, mesmo o mais disparatado, não deixa de indicar alguma coisa a respeito dela e de seu desempenho histórico.[7a]

[7a] O tino com que Machado confrontava os modelos de organização romanesca à sua matéria empírica está bem ilustrado no estudo sobre Eça de Queirós: "Que o Sr. Eça de Queirós é discípulo do autor do *Assommoir*, ninguém há que o não reconheça. O próprio *Crime do Padre Amaro* é imitação do romance de Zola, *La faute de l'Abbé Mouret*. Situação análoga, iguais tendências; diferença do meio; diferença do desenlace; idêntico estilo; algumas reminiscências, como no capítulo da missa, e outras; enfim, o mesmo título. Quem os leu a ambos, não contestou de certo a originalidade do Sr. Eça de Queirós, porque ele a tinha, e tem, e a manifesta de modo afirmativo; creio até que essa mesma originalidade deu motivo ao maior defeito na concepção do *Crime do Padre Amaro*. O Sr. Eça de Queirós alterou naturalmente as circunstâncias que rodeavam o padre Mouret, adminis-

Voltemos entretanto às *Memórias*. A profusão de teorias muito diversas pelo gênero, sempre em tamanho de bolso, assinala o grão de veleidade e contingência próprio ao esforço de pensar — ficando para trás, já de entrada, a ilusão objetivista. Constam do livro exposições de doutrina própria, retificações da filosofia alheia, protocolos de estados psíquicos incomuns, dissertações psicológicas, apólogos morais, teses sobre o fundamento da conduta humana, análises abstratas de alguns tipos de relacionamento social, um capítulo de máximas. A postura literária vai do amalucamento bufão até a prosa descritiva e analítica a mais exigente. A qualidade desta última às vezes se torna um problema, quando a sua potência transitiva prima sobre o nexo ficcional e desequilibra a composição. Tanto mais que a boa prosa científica é rara no Brasil, o que lhe aumenta o preço. Assim, por exemplo, o leitor lamenta que a excelente página sobre o caráter de Lobo Neves seja um modo retórico entre muitos, ou — a mesma expe-

---

trador espiritual de uma paróquia rústica, flanqueado de um padre austero e ríspido; o padre Amaro vive numa cidade de província, no meio de mulheres, ao lado de outros que do sacerdócio só têm a batina e as propinas; vê-os concupiscentes e maritalmente estabelecidos, sem perderem um só átomo de influência e consideração. Sendo assim, não se compreende o terror do padre Amaro, no dia em que do seu erro lhe nasce um filho, e muito menos se compreende que o mate. Das duas forças que lutam na alma do padre Amaro, uma é real e efetiva — o sentimento da paternidade; a outra é quimérica e impossível — o terror da opinião, que ele tem visto tolerante e cúmplice no desvio dos seus confrades; e não obstante, é esta a força que triunfa. Haverá aí alguma verdade moral?". *OC*, vol. III, p. 914. A observação é fina e faz refletir sobre os problemas ligados à adaptação portuguesa de padrões artísticos franceses. Naturalmente convida também à reflexão sobre a própria sociedade portuguesa. Para completar a demonstração de independência, a falta de "verdade moral" fazia parte ainda de uma objeção — discutível — à própria escola de Zola, cuja ênfase nos condicionamentos externos tenderia a transformar as personagens em títeres, com prejuízo da articulação moral.

riência encarada por outro prisma — sente que Machado perdeu a mão e compôs umas tantas frases de primeira ordem, mas extraficcionais. Seja como for, a multiplicidade dos registros não podia estar mais marcada, e seu acabamento vistoso dá certa ideia de bazar, expressiva, possivelmente, da inserção peculiar e pouco orgânica do intelectual brasileiro na cultura oitocentista.

O capricho atrela a seus movimentos a filosofia, a ciência e as demais formas de superioridade intelectual, que em consequência sofrem uma desqualificação liminar, com efeito satírico, pois o certo seria o contrário. A esfera do espírito em que impessoalidade e objetividade são a regra está presente em grande escala, mas subordinada à fantasia individual, o que lhe desvirtua o estatuto, além de fixar literariamente a situação do país nessa matéria. A falta de seriedade encontra reforço nos assuntos tratados, que dentro da disparidade têm um tópico em comum: a insubsistência do sujeito racional e responsável da ideologia burguesa. O que afirmam — e documentam com a própria presença — as teorias do momento oportuno, da vantagem das botinas apertadas, das sucessivas reedições do indivíduo, da equivalência das janelas da alma, da solidariedade dos aborrecimentos humanos?[8] De forma caricata, dizem que a mesma pessoa é outra ou várias conforme o lugar e o momento; que a causação psíquica se processa através de acasos, compensações e substituições *indevidas*, em que a razão e a moral não têm parte; que nem mesmo o egoísmo, embora uma constante, pode ser visto como força racionalizadora: os caminhos da satisfação imaginária são erráticos. Formuladas por um campeão da volubilidade, estas doutrinas do indivíduo essencialmente irresponsável funcionam como um álibi

---

[8] Respectivamente, capítulos LVI; XXXVI; XXXVII e XXXVIII; LI e CV; XLII.

escarninho, pois dão como *natural* a sua conduta *reprovável*, transformam em antropologia filosófica a inferioridade burguesa local. Contudo, sem prejuízo da feição clownesca, as teorias acertam, já que o comportamento do narrador e das personagens, instável em grau máximo, as ilustra e confirma. Ideias risíveis, porém fundadas, e vice-versa: este é um dos aspectos desconcertantes do livro. Tanto mais que as teorias, posto de parte o disfarce anedótico, parafraseiam a desmontagem do indivíduo empreendida pelos grandes, por Montaigne, La Rochefoucauld, Pascal, o empirismo inglês e a filosofia do inconsciente. As reservas da tradição filosófica moderna em face da mônada individual reagrupam-se em função das peculiaridades históricas da experiência brasileira, onde a valorização absoluta do indivíduo não podia mesmo encontrar credibilidade.

A redundância de fundo entre as doutrinas é tanto mais sensível quanto o feitio delas é diverso e espalhafatoso. Daí o incômodo clima de pseudo-originalidade, este sim uma originalidade substancial. O comentário corre o risco em consequência de estar dizendo também ele "sempre a mesma coisa... sempre a mesma coisa...",[9] embora sem o dividendo crítico que a narrativa extrai da repetição. A nossa análise ficará restrita portanto a algumas teorias principais, tomadas em si mesmas e no seu relacionamento, de extraordinária densidade, com o universo do romance.

Vejamos inicialmente a filosofia dita da ponta do nariz.[10] Enquanto fixa a vista no seu próprio, o que é um modo de olhar para fora e para dentro ao mesmo tempo, o indivíduo recompõe o mundo de maneira a se desforrar de reveses sofridos e a desamassar a vaidade machucada pela superioridade dos outros. "[...]

---

[9] *MPBC*, p. 126.
[10] Capítulo XLIX.

tal contemplação, cujo efeito é a subordinação do universo a um nariz somente, constitui o equilíbrio das sociedades." Assim, a reparação imaginária torna toleráveis as desigualdades da vida. Muitas páginas atrás, sugerimos que a busca de uma "supremacia qualquer" comandava a forma e o ritmo das *Memórias*. Agora encontramos uma filosofia correspondente.

O esquema é geral ("Cada homem tem necessidade e poder de contemplar o seu próprio nariz, para o fim de ver a luz celeste"), e alude pelo estilo às declarações revolucionárias do século XVIII. Digamos que a universalidade do nariz indica a ordem dos homens formalmente iguais. Também a rivalidade e o ressentimento generalizados, que dariam base efetiva ao mecanismo psicológico em questão, pressupõem a igualdade abstrata. Por sua vez, a operação livre e ilimitada com os dados do mundo social — mesmo que só em devaneio — expressa o estranhamento burguês entre indivíduo e sociedade, transformada esta última em objeto de manipulação. Do ângulo complementar, enfim, entre indivíduo e sociedade há completa inerência, que não deixa lugar para o transcendente: nada tão divino ou "celeste" como imaginar-se por cima na concorrência com o próximo. Em suma, a dimensão engraçada do argumento não anula o seu pressuposto ideológico: uma sociedade secularizada, em que todos competem com todos, sem exclusão.

Combinados à brevidade aforismática, os meandros do amor-próprio e o valor explicativo do egoísmo são especialidades do século XVII francês. Para que o patrocínio ilustre não passe despercebido, Brás Cubas faz referência explícita a La Rochefoucauld e Pascal, leituras que, conteúdo à parte, não deprimem a autoestima de ninguém. Muito sumariamente, note-se que no raciocínio destes autores o interesse individual tanto se manifesta pela busca da aprovação alheia, mediante ostentação de motivos nobres, quanto pela simples cupidez, sendo condenável em ambos os casos, por oposição ao desprendimento, que todavia é sempre ilusão. O propósito da análise é pôr a nu a natureza irremediavelmente mesquinha do eu, igual nas duas modalidades.[11] Já para o leitor moderno, habituado pelo século XIX a reconhecer o predomínio das razões materiais, o pé de igualdade entre os desejos de *ter* e *agradar* pode parecer uma sensaboria clássica, ou uma indicação da frivolidade de certos tipos humanos que, atrasadamente, não se compenetraram do caráter inessencial das aparências. Nessa altura a vaidade passa de disposição metafísica a inadequação psicológica e arcaísmo social, efeito da cegueira para a impessoalidade moderna do valor. Um deslocamento que na prosa machadiana se acompanha de mais outras redefinições, estas ligadas a circunstâncias brasileiras.

Dado o contexto nacional, onde o clientelismo desempenha o papel-chave que assinalamos, o esforço de agradar e parecer atende à ordem efetiva, sem nada de ilusório ou anacrônico, e a sua funcionalidade é palpável. Nem por isso deixávamos de pertencer ao século XIX burguês, com sua exigência de autonomia e razão, forrada de menosprezo pelas artes da simpatia. Assim, a despeito da impregnação seiscentista, o jogo machadiano com a futilidade genérica do ser humano refletia dois prismas sustentados pela experiência contemporânea local: ora manifestava a ironia do cavalheiro vitoriano em face de condutas irreais, ora

---

[11] Paul Bénichou, "La démolition du héros", in *Morales du grand siècle*, Paris, Gallimard, 1948; C. B. Macpherson, "Hobbes's bourgeois man", in *Democratic theory*, Oxford, Clarendon Press, 1975. "Como forças motivadoras, Hobbes atribui relevo aproximadamente igual a ganho e glória, concupiscência e vaidade" (p. 240). Macpherson sublinha o sentido moderno da competição universalizada. Para a evolução do problema, Albert O. Hirschman, *As paixões e os interesses*, Rio de Janeiro, Paz e Terra, 1979.

a eficácia prática, e portanto a realidade, dos caprichos da imaginação. A alternância dos pontos de vista, fundada na constelação histórica e determinada pela estrutura formal do romance, imprime ambiguidade aos raciocínios — muito engenhosos — sobre o valor da ilusão.

Dada a forma universalista do argumento, como fica a filosofia da ponta do nariz em face do escravo? Embora expresse descompromisso com o valor do próximo, e configure portanto uma indignidade explícita, ela contribui para uma versão lisonjeira das coisas — dentro do relativo. Se a compensação imaginária "constitui o equilíbrio das sociedades", este descansa sobre o consentimento dos indivíduos, mesmo que ressentidos. A mordacidade está na ciumeira pitoresca e geral que a tese faz supor, e na sugestão muito burguesa de que a fantasia serve de substituta a desempenhos fracos. É claro que nada disso tem cabimento diante da escravidão, cuja estabilidade não depende de assentimento subjetivo, mas de força bruta. A compensação imaginária, aqui, ainda quando existe, não constitui o cimento da ordem. O raciocínio conforme o qual a imaginação consola do cativeiro e o torna aceitável funciona como racionalização ideológica. O pessimismo da teoria, apoiado na universalidade dos motivos baixos, serve de biombo a outras dimensões sociais bastante mais sombrias. A virtualidade *apologética* de pontos de vista *críticos* é uma destas complicações engenhosas em que brilha o senso machadiano do real.

Brás Cubas reconhece em dado momento que os versos de Luís Dutra valem mais que os dele, razão pela qual gostaria de desorientar, desanimar e eliminar o amigo — "tudo isto a olhar para a ponta do nariz".[12] A atitude permite faltar à humanidade

---

[12] *MPBC*, p. 185.

sem diminuição para o amor-próprio, já que a vista, entregue à contemplação, fica alheia ao serviço sujo executado pelo desejo. "Nariz, consciência sem remorsos":[13] a expressão faz ver uma caricatura de reflexão moral, onde a consideração do semelhante tem finalidade ignóbil, em vez de elevada. Livre das pressões do mundo externo, posta em colóquio consigo mesma, ou seja, recolhida a seu foro íntimo, a personagem pondera as circunstâncias e escolhe... uma injustiça que lhe seja vantajosa. Assim, a liberdade e autonomia interiores não asseguram a moralidade do sujeito. No caso brasileiro, ademais, apesar do âmbito aparentemente individual do fenômeno, a suspensão do remorso tem funcionalidade de classe. Aliás, a natureza coletiva desta operação íntima, bem como a simpatia acanalhada que ela suscita, constituem o referente secreto e verdadeiro da filosofia nasal em questão. Digamos que o recurso à ponta do nariz e ao embotamento do sentido moral que ela faculta designam o processo espiritual próprio à nossa elite escravista-modernista: a equidade burguesa, representada pela dimensão libertária de Romantismo e Liberalismo, a todo momento anima o remorso que se tratava de abafar.

Quem experimentou sabe que a contemplação do próprio nariz deixa vesgos os olhos e a mente. Noutras palavras, além de funcionar como símile do egocentrismo humano, a teoria machadiana descreve um comportamento possível, a que corresponde um estado subjetivo particular, objeto eventual da curiosidade científica. A fala figurada, de intenção satírica, pode ser tomada igualmente como uma descrição literal, e a superposição de alegoria e precisão naturalista cria uma ambiguidade cômica a mais. "Sabe o leitor que o faquir gasta longas horas a olhar para a ponta do nariz, perde o sentimento das coisas externas, em-

---

[13] *MPBC*, p. 185.

beleza-se no invisível, apreende o impalpável, desvincula-se da terra, dissolve-se, eteriza-se. Essa sublimação do ser pela ponta do nariz é o fenômeno mais excelso do espírito, e a faculdade de a obter não pertence ao faquir somente: é universal."[14] A aproximação entre o faquir e o homem comum abre perspectivas simultâneas e contrárias. Numa, a espiritualidade exótica daquele é dessacralizada e aparece como a forma travestida das invejas deste; à maneira esclarecida, a religião é trazida à terra e explicada pelas misérias humanas nossas conhecidas. Na perspectiva oposta, o fanatismo com que o homem comum se vota a competir com o próximo e a superá-lo, nem que seja em fantasia, aparece como uma espécie de alienação religiosa por sua vez, insinuando que o individualismo moderno está longe de ser a forma de vida compreensível, racional e sóbria que se supõe. Deste segundo ponto de vista a nossa conduta corrente aparece recuada, posta à distância, não menos esquisita que os exercícios de um especialista na negação da felicidade terrena. Entre o mundo "desmitificado" pela competição burguesa e uma ordenação propriamente humana e razoável da sociedade vai uma diferença que o culto da ponta do nariz faz pressentir.

Digamos que o transformismo praticado pelo narrador machadiano tem repertório menos ilimitado do que parece. Disciplinando o seu movimento há uma coleção de posições básicas do espírito, constantemente trocadas umas pelas outras, entre as quais a contemplação do próprio nariz. O conjunto forma um sistema socialmente específico, de extraordinária consistência. Fazem parte dele, entre outros: a pancada periódica no direito dos pobres; os arrepios deliciosos causados por elogios injustificados; o embevecimento do patriarca diante das tropelias do

---

[14] *MPBC*, p. 186.

filho; tipos abjetos de conivência de classe; o tédio devido à vacuidade dos projetos em pauta; e também a plenitude singular de um adultério longo e rotineiro. O mínimo denominador comum entre estas configurações é o capricho, o que permitiu à crítica ver nelas uma ilustração — redundante — da inconsistência metafísica do ser humano. Contudo, se ativarmos o nosso senso fisionômico, perceberemos relações mais finas de complementaridade, nas quais se manifesta uma estrutura histórica definida, estilizada através da repercussão moral das relações que lhe são próprias.

Mas passemos ao Humanitismo, a mais célebre das filosofias machadianas. Como sugere o nome, trata-se de uma sátira à floração oitocentista de ismos, com alusão explícita à religião comtiana da humanidade. Os raciocínios fazem pensar em mais outras filiações, já que em lugar dos princípios positivistas afirmam a luta de todos contra todos, à maneira do darwinismo social. A própria guerra generalizada, contudo, não passa de ilusão, pois tem fundamento monista: Humanitas é o princípio único de todas as coisas, residindo igualmente nas partes vencida e vencedora, no condenado e no algoz, de sorte que não há perda alguma onde parecia haver uma desgraça. Daí que a dor não existe nem tem cabimento. "[...] substancialmente, é Humanitas que corrige em Humanitas uma infração à lei de Humanitas."[15]

A par das teses da *struggle for life*, o Humanitismo inclui o elogio da sociedade hierárquica e ritualizada, difícil de conciliar com aquelas primeiras. A inconsistência contribui para o tom geral de disparate, sem prejuízo de captar admiravelmente a aspiração por "ordem e progresso" de várias teorias sociológicas do tempo, que ao propósito científico e antitradicional uniam uma

---

[15] *MPBC*, p. 265.

posição conservadora, bem como formas sucedâneas de providencialismo e culto religioso.

Isso posto, o melhor da comicidade destes capítulos talvez esteja nas relações entre a doutrina e o ambiente social que ela encontrava no país. Comentando a voga da filosofia de Spencer nos Estados Unidos, depois da Guerra de Secessão, um historiador assinala a afinidade das condições históricas, modernizadas pela Abolição, com aquele "produto do industrialismo inglês".[16] A rapidez da expansão econômica, a concorrência implacável, a lei da exploração, o horror aos derrotados "faziam da América do após-guerra uma vasta caricatura das concepções darwinianas da luta pela vida e da sobrevivência dos mais aptos. A terminologia de Darwin encontrava aprovação instintiva entre o empresariado triunfante, cujas condições de existência ela parecia retratar".[17] Ora, trazido às circunstâncias brasileiras e espelhado nelas, o mesmo sistema só podia mudar de significado.

Veja-se por exemplo o clássico "Ao vencedor as batatas!", palavra de ordem com que o filósofo pancada Quincas Borba sintetizaria — noutro romance machadiano — a essência de sua doutrina "humanitista". A frase possivelmente seja a tradução aclimatada da *survival of the fittest*, expressão mais clássica ainda, inventada por Spencer. A distância entre as duas fórmulas algo sugere da diferença entre as situações. É fato que, antes de conceber a sua teoria, Quincas Borba havia conhecido altos e baixos: de moço rico passara a mendigo e a ricaço outra vez. Mas não consta que essas mudanças de estado fossem causadas por luta ou mérito, a última guinada se devendo aliás à morte de um tio

---

[16] Richard Hofstadter, *Social darwinism in American thought*, Boston, Beacon Press, 1955, p. 35.

[17] *Idem*, p. 44.

barbacenense. Seu discípulo Brás Cubas, cuja fortuna fora acumulada pelo bisavô, tampouco trabalha. Assim, uma vez que a sociedade assentada sobre a escravidão é comparativamente estática, o princípio da competição universal fica privado de significação dinâmica, e passa a expressar algo menos portentoso, da ordem da coincidência de todos na picuinha e no ciúme. Nem por isso as ideias humanitistas deixavam de ter função: atestavam a tintura moderna — filosófica e científica — de dois figurões; davam justificativa ilustrada à indiferença dos ricos pelo destino de seus dependentes, indiferença que à luz de orientações mais tradicionais pareceria indecorosa; e explicavam por fim o caráter necessário e legítimo da exploração colonial e de suas sequelas presentes. "Mas eu não quero outro documento da sublimidade do meu sistema, senão este mesmo frango. Nutriu-se de milho, que foi plantado por um africano, suponhamos, importado de Angola. Nasceu este africano, cresceu, foi vendido; um navio o trouxe, um navio construído de madeira cortada no mato por dez ou doze homens, levado por velas, que oito ou dez homens teceram, sem contar a cordoalha e outras partes do aparelho náutico. Assim, esse frango, que eu almocei agora mesmo, é o resultado de uma multidão de esforços e lutas, executadas com o único fim de dar mate a meu apetite. Entre o chá e o café, demonstrou-me Quincas Borba que o seu sistema era a destruição da dor."[18]

O passo adiante representado por estes exercícios filosófico-ficcionais era muito grande. Trazia à literatura brasileira, quase jejuna no capítulo, o conflito das ideias atuais. E melhor que isso, não o trazia na forma xucra praticada por adeptos ou detratores: a exposição clara, sintética, satiricamente cônscia das próprias

---

[18] *MPBC*, p. 266.

inconsistências supunha a apropriação do essencial do espírito científico — em nível que entre nós seria uma façanha — isto sem lhe perder de vista as virtualidades conservadoras e despóticas, nem, sobretudo, o funcionamento peculiar nas condições do país. Note-se aliás o valor crítico deste último aspecto, que contradizia a imagem universalista de que na época se cercavam a ciência e o progresso. Noutras palavras, a representação da "atividade teórica" nas *Memórias* significava uma atitude complexa, exigente em alto grau, familiarizada com as inovações em curso nas metrópoles, mas limpa, ainda assim, de ofuscação subalterna, além de atenta ao contexto pátrio e convencida da importância dele. Este equilíbrio é outro nome para a milagrosa integridade da literatura machadiana. Variando o ângulo e trocando a perspectiva nacional pela órbita da história contemporânea, digamos enfim que a junção literária da tendência teórica recente e dos relacionamentos sociais típicos do Brasil, explorada em sua comédia intrínseca, formava um material com implicações transcendentes, capaz de sustentar um grande romance.

Vimos que o primado sistemático do capricho desautoriza as construções da razão. Privadas do contexto *responsável* que lhes viabiliza a pretensão à objetividade, a filosofia e as teorias científicas fazem figura de espetáculo exterior, versão esvaziada de um processo que noutra parte ocorre a sério. Parecem claras as afinidades entre esta desqualificação do pensamento abstrato e as insuficiências do quadro brasileiro. Não obstante, do ponto de vista da técnica literária, Machado estava próximo das audácias com que o romance moderno respondia aos novos desdobramentos da sociedade burguesa. Pensamos na maneira depreciativa pela qual Stendhal reduzia o discurso conservador a uma engenhoca previsível, que não merece o trabalho de uma exposição completa, donde os esplêndidos "etc. etc." com que o abrevia. Ou na banalização sistemática do pensamento levada a efeito na literatura de Flaubert. Aqui as ideias têm a mesma espessura e visibilidade que as coisas, de que não se distinguem e com as quais deslizam, em igualdade de condições, sobre a célebre e incansável "esteira rolante" formada pelo uso especial que o autor faz do pretérito narrativo.[19] Nos dois escritores, trata-se da percepção moderna da ideologia, para a qual as explicações da vida integram funcionalmente a argamassa da estabilidade social: o pensamento espontâneo é livre e individual só ilusoriamente, o que o degrada e transforma em matéria literária com implicações contraintuitivas, que requerem tratamento novo e empurram em direção do século XX. Algo semelhante ocorre na ficção machadiana, onde as ideias também são concebidas de fora, sem inocência, como fato social a observar com desapego de naturalista. Indicamos o fundamento brasileiro desta coisificação, e o recurso literário mediante o qual ela foi recriada: nada mais distante do mundo e do estilo de Flaubert. Não obstante, a precisão técnica com que os dois montam a ratoeira mental em que vivem as suas personagens autoriza a aproximação. Seja porque a disciplina científica é uma referência indispensável ao trabalho de ambos, contemporâneos neste sentido, seja porque o esvaziamento espiritual da burguesia já formava um horizonte planetário, ainda que tomando forma diversa em diferentes lugares.

No início deste capítulo havíamos sublinhado o ânimo antioligárquico associado à entrada das ideias novas no Brasil: a ciência fundaria um tipo de autoridade mais racional e civilizada que a patronagem. Nas *Memórias* entretanto assistimos ao contrário, à sujeição metódica das mais variadas formas do pensamento

---

[19] Marcel Proust, "À propos du 'style' de Flaubert", *in Contre Sainte-Beuve*, Paris, La Pléiade, 1971, pp. 586-90. Ver também a comparação entre os estilos de Balzac e Flaubert, no próprio *Contre Sainte-Beuve*, pp. 268-9.

O papel das ideias

moderno ao acaso das vontades do narrador e de seus parceiros. Machado, e antes dele o país, armaram uma hierarquia tão inadmissível quão inusitada, que o livro não obstante explora com extraordinária finura, extraindo dela facetas verossímeis a sugestivas em quantidade. O prestígio modernista próprio à postura científica, afrontosamente contrário à mentalidade tradicional, vai como uma luva às necessidades, práticas e de expressão, da conduta cuja caracterização é nosso objeto. É certo que o casamento de Brás Cubas com a ciência se faz ao preço de algum ridículo, mas este se integra ao meio e concorre para arredondar a figura de uma civilização característica, harmoniosa à sua maneira. Fica entendido que o agente da malversação das ideias modernas é sempre o capricho abstrato, metafísico ainda que acompanhado de pormenores realistas. Por sua vez o aproveitamento "modificado" dessas mesmas ideias em momento algum receberá denominação social definida. Nem por isso o conjunto dos episódios deixa de configurar um processo histórico e de classe: trata-se da apropriação oligárquica do progresso no plano das ideias, com acentuação de algumas consequências.

9. Questões de forma

A despeito da genialidade analítica e construtiva, a composição das *Memórias* apresenta dificuldades. Há passagens que não funcionam, ainda sendo engenhosas (salvo engano do crítico, nunca improvável). No plano global, a malícia soberanamente versada do narrador está em desproporção com o mundo em fim de contas reduzido das personagens, que ficam parecendo títeres. A presença ubíqua do capricho e o papel de chave universal que lhe incumbe têm como efeito uma certa monotonia, além de ocultarem o arcabouço realista do romance. As diferentes dimensões das personagens nem sempre se integram, ocasionando alguma indecisão de contornos etc.

Segundo a boa teoria de Adorno, quanto mais alto o nível, menos contingentes as fraquezas artísticas de uma obra. Estas deixam de remeter a limitações do autor, para indicarem impossibilidades objetivas, cujo fundamento é social. Aos olhos do crítico dialético a fratura da forma aponta para impasses históricos. Sem prejuízo do sinal esteticamente negativo, ela representa um fato cultural de peso, que requer interpretação por sua vez.[1]

---

[1] Th. W. Adorno, "Ideen zur Musiksoziologie", *in Klangfiguren*, Frankfurt/ M., Suhrkamp, 1959.

Na origem de nossa análise encontra-se uma observação plausível, mas não evidente, que se poderia dizer a tese deste trabalho. De fato, tudo que ficou dito decorre da identificação da fisionomia *de classe* do narrador. A pertinência da prosa, do elenco de caracteres e da composição em geral tornam-se adivinháveis a partir daí, conferindo alcance e multilateralidade àquele *tipo*, o qual por sua vez se define no interior de um sistema de relações sociais a descrever e explicitar. Encarados a esta luz instruída de História, os meios artísticos de que o narrador se vale passam por uma especificação correspondente, que lhes evidencia o inesperado papel de combate. Resulta um complexo de articulações históricas escandalosas, composto de indícios que no romance entretanto estão esparsos e em segundo plano, sem função estrutural aparente. Ainda assim, uma vez agrupados, eles delineiam coordenadas e levam a rever em novos termos a unidade das *Memórias*. Seria o caso de falar em forma latente, por oposição à forma ostensiva: a volubilidade de Brás Cubas, à primeira vista um recurso apenas literário, muda de feição quando examinamos de perto o seu desempenho.

Visto que o narrador é parte *facciosa* da história, os seus procedimentos formais ficam privados de isenção e exibem algo de manobras *ad hoc*, situadas praticamente, obrigando à glosa conteudista em termos da circunstância imediata. A leitura está em desacordo com as indicações de Brás, que atribui o seu estilo — as contravenções morais e literárias, bem como a altura filosófica — à superioridade do morto sobre os vivos. Em vez de lhe acatar a explicação, preferimos tomá-la como uma provocação a mais, outra entre as muitas em que a posição de poder da personagem se traduz em técnica narrativa.

A tese contradiz o texto explícito num ponto em que ele não tem credibilidade, e em compensação permite dar conta da coesão atrás do aspecto arbitrário. Supondo que seja exata, é preciso todavia sublinhar que em nenhum momento a correspondência entre comportamento narrativo e quadro social está afirmada. A relação é virtual, e depende exclusivamente da percepção do leitor, e mesmo de seu ânimo de contrapor o próprio juízo ao do narrador. Mais ainda, veremos que ela é obscurecida por alguns traços da composição, que lhe escondem a presença, sem lhe diminuir a eficácia. Estas questões formam o nervo artístico das *Memórias*.

A inserção social de Brás Cubas tem menos relevo do que as liberdades que ele toma com as convenções narrativas, com as condições da verossimilhança, as regras de equidade, a isenção da teoria, a irreversibilidade do tempo etc. O sujeito implicado na primeira é historicamente específico; ao passo que o das segundas, dada a reputação de generalidade das regras destratadas, pareceria genérico ele também, algo como o homem na sua condição dita absoluta, sem outras precisões. Nos esforçamos por mostrar que as piruetas deste último só brilham, ou melhor, só escapam de ser metafísica insossa graças à figura entre especiosa e lamentável que fazem uma vez levado em conta o outro Brás, o de classe, cuja presença, insidiosa ao extremo, entretanto é discreta. Digamos que se trata de uma distribuição traiçoeira dos volumes, que convida ao engano. Não é à toa que ainda recentemente um especialista consagrado publicou um livro sobre Machado de Assis e a filosofia, onde, na parte final, as tiradas meditativas do autor-personagem constam de uma antologia de pensamentos graves, isto quando bastaria estender as citações por uma ou duas frases para ter a evidência de sua dimensão interesseira, escarninha ou amalucada.[2] Nem é à toa que Machado de Assis brilhe de forma tão oficialista nas seletas escolares, ou que Rui Barbosa lhe tenha atestado, ao pé da cova, discursando em nome

---

[2] Miguel Reale, *A filosofia de Machado de Assis*, São Paulo, Pioneira, 1982.

da Academia Brasileira de Letras, uma prosa como a de Frei Luís de Souza.³ Assim, uma conduta de classe ligada às sequelas da colonização contracena fora de sua circunstância específica e corrente, evoluindo no palco da cultura geral da época, e atuando com especialidade sobre a convenção literária ela mesma, ou, por extensão, sobre os pressupostos normativos da cultura moderna, internacionais por natureza. Neste ambiente inusitado e rarefeito, o modo de ser de Brás fica mais difícil de identificar à primeira vista, o que, vencida a estranheza, não deve impedir a crítica de perceber o caráter social de suas infrações. Trata-se literalmente da universalização dos esquemas de conduta da classe dominante brasileira, ou seja, da construção de seus efeitos — calamitosos — sobre as grandes linhas da civilização contemporânea, para além do contexto empírico imediato.

Como se vê, uma forma dotada de vasto alcance, cujo perigo está na derrapagem metafísica. Não especulemos sobre os motivos que levaram Machado a preferir uma composição escorregadia, onde a clarividência ferina em matéria histórico-social vem unida à formulação inespecífica, universalista, em descompasso com o objeto designado. Mas notemos que o desacerto entre as relações sociais do país e os quadros ideológicos do mundo burguês, transformados por isso mesmo em generalidades retóricas, não era invenção do escritor: cabia à vida cultural atestar a vinculação europeia e moderna da elite, mais do que refletir as suas relações com as demais classes, donde a tendência do esforço intelectual para o clichê, com a sua impotência cognitiva e eficácia gregária. É como se a realidade não estimulasse a literatura à

---

³ Rui Barbosa, "Machado de Assis", in *Novos discursos e conferências*, São Paulo, Livraria Acadêmica, 1933, p. 254.

Questões de forma

supressão do registro medalhônico, a que não haveria como fugir, a não ser com sacrifício da... particularidade histórica. Maldosa e inteligentemente, Machado não deixava faltar os chavões, colocados em posição sempre comprometedora.

Nos romances da primeira fase machadiana há vários moços estimáveis, que parecem saídos de um manual de boas maneiras. Para apreciar a viravolta do Autor na matéria, note-se que em Brás Cubas está retomado aquele mesmo tipo social, só que encarado em perspectiva impiedosa. Esta se impõe a uma leitura que trate de conceber a personagem através da totalidade das suas relações, leitura contudo que o livro não facilita. Vimos como ficam desligadas entre si, ou perdidas, ou desativadas, sem prejuízo de serem fortíssimas, as passagens onde se estuda o sistema dos interesses sociais. E a quem ocorreria entender a borboletice narrativa como um percurso inexoravelmente pautado, expressão rigorosa de um sistema de iniquidades? A fruição comodista das *Memórias* adere à descontinuidade elegante, às formulações requintadas, à disparidade um pouco preciosa dos momentos, e não coloca a questão — reveladora entre todas — da consistência. Neste diapasão, com efeito, ainda sem ser um compêndio de virtudes, Brás oferece um figurino ao leitor sequioso de identificação com os exclusivismos da gente fina. Complementarmente nas passagens de balanço e conclusão, destinadas a contrapeso, mais densas na parte final do romance, embora presentes aqui e ali desde o princípio, reina a derrisão igualitária de tudo e todos diante da morte. Assim, uma das virtualidades conformistas do livro se poderia resumir pelo amor ao privilégio, quando se trata dos vivos; e pela melancolia metafísica, quando se trata do inelutável. A poesia desta contiguidade, módulo sempre repetido, é ideologia barata, como facilmente se percebe — desde que haja esforço de unificação, ou resistência ao prestígio da inconsequência formal.

Na mesma linha, observe-se que a volubilidade de Brás Cubas toma emprestadas as suas soluções técnicas ao *Tristram Shandy*, uma das culminações setecentistas do *sentimentalismo*. Contudo, vale-se delas em 1880, depois de Romantismo, Realismo e Naturalismo, quando já não podem ter o mesmo sentido. Apesar do molde antigo, a disposição arbitrária sobre a realidade e as regras de sua representação converge com a reação antinaturalista em curso na Europa. E de fato, a magnificação do capricho nas *Memórias* algo contém do elitismo bufo, da irresponsabilidade assumida e nobilitada, do culto ao diletantismo e ao próprio eu, em espírito antissocial, que faziam parte do esteticismo nascente.[4]

Isso posto, é preciso considerar os contravenenos da composição: a psicologia universalista, com a sua dicção impregnada de racionalismo clássico francês, naturalmente serve à vaidade social; contudo, sendo um feitio que não abre exceções, o seu pessimismo engloba o narrador, que através dela buscava se distinguir. Analogamente, em sintonia com o esteticismo, Brás cultiva o bel--prazer, dá precedência ao momento interior sobre as considerações objetivas, persegue os instantes deliciosos em que a alma apalpa a própria estranheza etc. Entretanto, a dimensão realista está demasiado presente para que estas feições dominem na sua

---

[4] "Entender o *diletantismo* é mais fácil que defini-lo. Trata-se menos de uma doutrina que de uma disposição muito inteligente, ao mesmo tempo que muito voluptuosa, a qual nos inclina alternadamente a formas diversas de vida e nos conduz a nos prestarmos a todas sem que nos entreguemos a nenhuma. [...] O diletantismo torna-se então uma requintada ciência da metamorfose intelectual e sentimental. Alguns homens superiores deram exemplos ilustres na matéria, mas a própria ligeireza demonstrada imprimiu à sua glória alguma coisa de turvo e inquietante." Paul Bourget, "M. Ernest Renan", *in Essays de psychologie contemporaine* (1883), vol. I, Paris, Plon, 1919, pp. 55-6.

acepção europeia. Longe de ser uma alma rara, oposta à mediocridade ambiente, Brás Cubas é a vulgaridade em pessoa, e a multiplicação dos meandros anímicos serve mais que tudo para lhe tornar estapafúrdias as presunções. Digamos então que as *Memórias* combinam a certo recorte esteticista do real — inusitado e audacioso na desconformidade com o utilitarismo burguês — uma psicologia analítica impermeável ao privilégio, e um arcabouço de ficção realista, onde o conflito social redefine e põe no lugar a totalidade das pretensões subjetivas. Com resultado esplêndido: aí está reconhecido e esquadrinhado, como em Nietzsche, o fundamento secreto dos valores, da verdade inclusive, que, sem a vontade e o poder social de impô-los, não seriam nada. Uma posição radicalmente crítica, e mais, limpa das fumaças elitistas que até hoje tornam tão duvidosas aquelas mesmas contribuições do esteticismo e da filosofia da vontade.

Como interpretar as palavras de um narrador mal-intencionado, cuja volubilidade se governa por conveniências e inconveniências de uma posição de classe? Considerá-las fora deste viés prático, e da leitura questionadora que em princípio lhe corresponde, só as pode banalizar. No espírito da tradição marxista, digamos que a questão da honestidade narrativa muda de qualidade e toma a feição atual a partir de 1848, quando a maré das revoluções populares obriga as burguesias europeias a reconhecerem o particularismo do próprio interesse.[5] A França a esse respeito seria paradigmática. A insurreição parisiense, "um episódio de proporções sem paralelo na história das guerras civis",

---

[5] As perspectivas clássicas de Lukács, Walter Benjamin e Sartre foram retomadas recentemente em dois livros instrutivos, a que a presente exposição deve muito: Dolf Oehler, *Pariser Bilder I*, Frankfurt/M., Suhrkamp, 1979, e *Ein Höllensturz der Alten Welt*, Frankfurt/M., Suhrkamp, 1988.

fixa as coordenadas do futuro: "travara-se a primeira grande batalha entre as duas classes que cindem a sociedade moderna".[6] Acresce que, uma vez derrotado o levante, a "nação proprietária" manda massacrar a "nação trabalhadora",[7] com uma ferocidade também ela "nunca vista em cidades civilizadas".[8] A realidade crua da opressão de classe denunciava o lado irreal da fraseologia libertária, igualitária e fraterna, em que no entanto se apoia a nova ordem. Consumara-se a *Queda*, "o pecado original, ocorrido em 48, mas cometido desde sempre — consequência *a priori* da *praxis* burguesa [...]".[9] Segundo a fórmula célebre, os fogos de artifício da retórica romântico-liberal, que buscava irmanar trabalhadores e proprietários, haviam cedido a vez às bombas incendiárias do General Cavaignac.[10] Pouco tempo depois o mesmo Marx dirá que a burguesia percebera com razão que os seus recursos intelectuais e morais, forjados em nome do Homem, isto é, contra o feudalismo, agora se haviam voltado contra ela própria e serviam a seu novo inimigo: "os deuses que ela criara a haviam abandonado".[11] Do ponto de vista da consciência popular, bem como da autoconsciência dos triunfadores, a experiência dos massacres de junho tem valor de revelação histórica. Mostram os adversários um ao outro e a si mesmos no interior do

---

[6] Karl Marx, "Die Klassenkämpfe in Frankreich 1848 bis 1850", Karl Marx e Friedrich Engels, *Werke*, vol. VII, Berlin, Dietz, 1973, p. 31.

[7] Karl Marx, "Die Junirevolution", *Werke*, vol. V, p. 133.

[8] Friedrich Engels, "Der 24 Juni", *idem*, p. 125.

[9] J.-P. Sartre, *L'idiot de la famille*, vol. III, Paris, Gallimard, 1972, p. 401.

[10] Karl Marx, "Die Klassenkämpfe in Frankreich 1848 bis 1850", p. 31.

[11] Karl Marx, "Der achtzehnte Brumaire des Louis Bonaparte", *Werke*, vol. VIII, p. 153.

vínculo de opressão e exploração, produzindo uma intimidade rancorosa, cheia de reservas mentais, sempre à beira do recurso à força e estrangeira a toda legitimidade. A normalidade burguesa e com ela o conjunto da linguagem contemporânea passavam a viver o estado de sítio: impregnavam-se de acepções inimigas, produzidas pelo antagonismo social, as oficiais de um lado, de outro as vencidas e semiclandestinas. Uma discrepância aguda, na qual se refletiam, como um sarcasmo objetivo, a experiência histórica recente e o ódio próprio à guerra de classes. A equivocidade radical praticada por Flaubert e Baudelaire, que torna tão injurioso o seu trato com a coisa burguesa, consiste justamente em formular de modo a permitir também a outra leitura, a reprimida, dando expressão literária ao choque histórico. Pensando nos dois, Dolf Oehler afirma que "não por acaso os escritores decisivos do Segundo Império são aqueles que refletiram mais profundamente sobre o alcance dos acontecimentos de junho, e mais, os que transpuseram a experiência daquele mês para a textura da sua escrita".[12]

Por um paradoxo compreensível, a crise dos significados comuns concorreu para a objetividade *sui generis* da forma moderna. Para enfrentar o primado da desinteligência social, horizonte epistemológico novo, que dificultava o papel do narrador e lhe tornava problemática a desenvoltura opinativa, os romancistas mais consequentes trataram de inventar soluções técnicas a que não se pudesse objetar parcialidade. Fazem parte do quadro o esforço metódico de impessoalidade (Flaubert), a tentativa de dar padrão científico à ficção (Zola), o reconhecimento dos problemas ligados ao ponto de vista (Henry James), a utilização

---

[12] Dolf Oehler, *Ein Höllensturz der Alten Welt*, pp. 17-8.

demonstrativa da primeira pessoa do singular — o prisma espontâneo por excelência — em espírito de exposição dela mesma, como se a pessoa fosse a terceira (Dostoiévski nas *Memórias do subsolo*).[13] O denominador comum está no primado do procedimento sobre as opiniões, que ficam seja banidas, seja armadas de ciência, seja enquadradas por uma regra de rodízio, seja postas à distância. A objetividade do dispositivo técnico permite ao artista saltar por sobre a própria sombra, uma vez que o novo estatuto das opiniões, autorais inclusive, não admite adesão direta. Autoridade e significação relativa são conferidas pela mediação do método literário, sobretudo por seus efeitos deslocadores, que funcionam como instâncias e como alegorias da precedência da formação social sobre as intenções subjetivas.

Para o nosso raciocínio o caso crucial é a narrativa de Flaubert. A disciplina da escrita, cultivando com igual absolutismo a observação da realidade, a expressão justa e as virtualidades sensíveis e sugestivas da linguagem, compunha um objeto de evidên-

---

[13] Observe-se a instrumentalização da primeira pessoa, com propósito histórico-sociológico, na explicação prévia ao *Subsolo*: "Tanto o autor como o texto destas *Memórias* são, naturalmente, imaginários. Todavia, pessoas como o seu autor não só podem, mas devem até existir em nossa sociedade, desde que consideremos as circunstâncias em que, de um modo geral, a mesma se formou. O que pretendi foi apresentar ao público, de maneira mais evidente que a habitual, um dos caracteres de um tempo ainda recente. Trata-se de um dos representantes da geração que vive os seus derradeiros dias. No presente trecho, intitulado 'O subsolo', o próprio personagem se apresenta, expõe seus pontos de vista e como que deseja esclarecer as razões pelas quais apareceu e devia aparecer em nosso meio. No trecho seguinte, porém, já se encontrarão realmente 'memórias' desse personagem, sobre alguns acontecimentos de sua vida". Fiódor Dostoiévski. Ver F. M. Dostoiévski, *Memórias do subsolo* (trad. Boris Schnaiderman), em *O eterno marido e várias novelas*, Rio de Janeiro, José Olympio, 1961, p. 142.

cia por assim dizer incontestável.[14] Contudo, esta solidez sem brecha, tão peculiar, resulta da incorporação simultânea de perspectivas sociais antagônicas, e não, como parece, da supressão delas. É sabido que a impassibilidade flaubertiana se alimenta de isenção científica, mas também de ódio ao burguês e, em igual dose, de desprezo pela impotência do mesmo ódio. Sumariamente, quanto ao conteúdo de classe deste amálgama, note-se nele a presença silenciosa do "quarto estado": ao desdém pelo cálculo utilitário, tradicional no aristocratismo romântico, acrescentou-se o horror — moderno pelo substrato — a certa selvageria de proprietário, selvageria cuja relevância viera à luz na repressão ao campo popular em 48 (o que não impede que já antes disso impregnasse o halo conotativo da linguagem).

Seja como for, *entre os pressupostos do novo dispositivo literário está a falência de ideias ou intenções consideradas em abstrato.* Flaubert desenvolvera uma arte minuciosíssima do enredo,

---

[14] A estranheza causada por *Madame Bovary* e pela nova técnica pode ser observada no comentário crítico de Duranty, ironicamente um dos paladinos do Realismo. "Dizem que a feitura do livro levou muitos anos. Com efeito, a enumeração dos detalhes se faz um a um, sem distinção de valor. Não há emoção nem sentimento nem vida neste romance, e sim uma grande força de aritmético, que examinou e reuniu tudo que pudesse existir de gestos, passos ou acidentes geográficos em dados personagens, acontecimentos e regiões. O livro é uma aplicação literária do cálculo de probabilidades... O estilo tem as feições desiguais próprias a um homem que — artisticamente e sem sentir — escreve ora pastiches, ora lirismos, mas nada de pessoal. Eu repito: sempre descrição material, nunca impressão. Me parece inútil examinar o ponto de vista da própria obra, à qual os defeitos precedentes tiram qualquer interesse. Antes da publicação acreditava-se que o romance fosse melhor. Muito estudo não substitui a espontaneidade, que vem do sentimento." Citado em René Dumesnil, *Le Réalisme et le Naturalisme*, Paris, del Duca e de Gigord, 1955, p. 31.

especializada na revelação da mentira ideológica. Os pensamentos e as emoções são qualificados a cada passo e de modo fulminante pela posição que ocupam na intriga, e só existem nesta especificação. A ocasião, a vizinhança e a maneira, consideradas com escrúpulo inédito, passavam a ser decisivas, e entravam para o conjunto, que será preciso decifrar *objetivamente*, vale dizer, em descontinuidade com os propósitos explícitos que o integram.[15] Assim, ao novo patamar do enfrentamento de classes respondem novos tipos de forma literária, onde, salvo por anacronismo ou "erro" artístico, nada escapa à redefinição pelo nexo imanente, em chave de ambiguidade sistematizada e figuração enigmática da história contemporânea. A conformidade externa com tradições de gênero, posições ideológicas e mesmo o simples senso comum, deixa de garantir seja o que for. A força caucionadora passa do autor ou das ideias para a consistência interna, cujo adensamento, total na medida do possível, transformado em objetivo estético, leva ao romance escrito com os cuidados da poesia.

O efeito atinge a força máxima quando anedotas e coisas aparecem tratadas de maneira "realista", isto é, no âmbito contingente da percepção individual, limpa de convencionalismos literários, sobretudo românticos, disciplinada pelo ceticismo ilustrado e pelo modelo da observação científica. O abalo que o dinamismo interno da obra inflige à realidade da percepção empírica, ainda a mais sóbria, constitui a poesia e o ensinamento deste arranjo. A forma, nesta acepção, proporciona a experiência do mundo contemporâneo, e faz as vezes da realidade, cujo proces-

---

[15] Para uma análise atenta a estes modos de composição, ver o capítulo sobre Flaubert do mesmo Oehler, em *Ein Höllensturz der Alten Welt*.

so moderno, aliás, para continuarmos com Marx, também se realiza à revelia e pelas costas de seus sujeitos. A integridade total da composição, sem sacrifício da parte de acaso na matéria cotidiana, passa a ser o penhor do acerto estético e o objeto privilegiado da reflexão crítica. A célebre aspiração de Flaubert, que queria escrever "um livro sobre nada [onde 'nada' é a trivialidade da existência pequeno-burguesa], um livro sem amarra exterior, que se sustentasse a si mesmo pela força interna de seu estilo",[16] inaugura este quadro, a que pertence também, embora noutra veia, a reconsideração do cotidiano brasileiro no interior da prosa machadiana.

Esticando o paralelo em direção que pode parecer descabida, vejam-se mais algumas observações de Flaubert. "As reflexões do autor [da *Cabana do pai Tomás*] me irritaram o tempo todo. Há necessidade de fazer reflexões sobre a escravidão? Basta mostrá-la, e ponto. [...] Você veja se há declamações contra a usura no *Mercador de Veneza*. A forma dramática tem isso de bom, ela anula o autor. — Balzac não escapou do mesmo defeito, ele é legitimista, católico, aristocrata. — O autor deve estar na sua obra como Deus no universo, presente em toda parte, mas visível em parte alguma."[17] Em princípio, nada mais inimigo da forma das *Memórias* que esta proscrição do comentário autoral. O preceito liga-se ao mandamento da objetividade artística, e talvez ao propósito de servir à humanidade sem fazer causa comum com ninguém, muito menos com o leitor, ironia que desde então anima uma parte decisiva da arte moderna. Mas voltando às in-

---

[16] G. Flaubert, carta a Louise Colet, 16/1/1852, *Correspondance*, vol. II, Paris, Gallimard, La Pléiade, 1980, p. 31.

[17] G. Flaubert, carta a Louise Colet, 9/12/1852, *idem*, p. 204.

tromissões de Brás Cubas, vimos o seu caráter recorrente, tão inexorável quando o curso dos astros, da compulsão psíquica ou do interesse de classe. Longe de introduzirem a irrelevância das opiniões do escritor, combatida no ideal de prosa de Flaubert, os caprichos machadianos deliberadamente reificam a liberdade narrativa e a subordinam ao sistema de constrangimentos que rebaixa o seu mundo narrado, ao qual aquela pseudoliberdade se integra como a manifestação mais característica de todas. Analogamente, os jogos com o leitor não se destinam a construir, mas a destruir a hipótese de um entendimento esclarecido com o público, entendimento substituído por uma espécie de cumplicidade agressivamente acanalhada, à maneira de Baudelaire, cujo substrato condicionador está na consciência dolorosa das iniquidades sociais do país.

Assim, contrariamente ao que seria de esperar, cabe às constantes quebras da moldura romanesca estabelecer as relações mediante as quais se completa e fecha o destino realista das personagens, bem como a imanência do universo ficcional. Depois de lembrar que as técnicas narrativas de 1750 estão usadas em espírito esteticista de 1880, digamos que este, sem perda do ímpeto dissolvente, serve à caracterização de um tipo social específico, membro de um elenco historicamente orgânico de personagens, em conformidade com o projeto literário realista, da geração europeia anterior. Por sua vez, dada a nota de provocação, os apelos ao leitor equivalem a outras tantas expulsões, e o colocam duramente diante do universo relacional do romance, produzindo uma sensação comparável àquela ocasionada pelo... objetivismo flaubertiano. A sistematização do impasse moral da elite brasileira, condenada a uma como que ilegalidade estrutural, permitia a Machado a retomada não esteticista do esteticismo emergente, o qual justamente ensaiava e estilizava o novo assalto às garantias civis burguesas, o mesmo assalto a que noutro plano o Imperialismo começava a dar a manifestação mais espetacular.[18] A enumeração destes paradoxos e ajustamentos históricos ilustra a complexidade do trabalho literário realizado nas *Memórias*. Machado de Assis pormenorizava e apurava a dimensão não burguesa da existência burguesa no Brasil, e a estendia ao âmbito da convenção artística, na forma generalizadora da transgressão. Este passo naturalmente se via facilitado pelas evoluções antiliberais que na Europa começavam a empurrar em direção da ilegalidade assumida, evoluções de que era possível emprestar ideias e formas "adiantadas". Em consequência, escravismo e clientelismo não são fixados apenas pelo lado óbvio, do atraso, mas também pelo lado perturbador e mais substantivo de sua afinidade com a tendência nova. Esta "modernidade", que se poderia prestar para álibi de classe, no universo machadiano entretanto não alimenta ilusões: ela só lhe aumenta a miséria, pois, sem elo-

---

[18] A propósito da fisionomia musical de Richard Strauss, observa Adorno que "o seu intuicionismo, o *élan vital* desgostoso da lógica musical sistematizada e rotinizada, a par de certa brutalidade e de um fundo grosseiro, se parecem à mentalidade expansionista da grande burguesia industrial alemã. A ausência de estreiteza e bolor combina-se ao desembaraço imperialista". Th. W. Adorno, "Ideen zur Musiksoziologie", p. 25. — "Um dos aspectos inquietantes e nem sempre suficientemente examinados do esteticismo é a sua afinidade com a violência. Entre os fundamentos do esteticismo encontra-se o princípio da transposição arbitrária da realidade, a faculdade de transformar tudo em tudo com auxílio de procedimentos analógicos, um princípio menos inocente do que parece, pois comporta sempre um momento de violentação do real. A crise do indivíduo burguês em fins do século XIX parece produzir estruturas de comportamento que, sem que se possa falar em condicionamento econômico imediato, mostram uma analogia surpreendente com o Imperialismo". Peter Bürger, "Naturalismus-Ästhetizismus und das Problem der Subjektivität", em Christa Bürger *et al.*, *Naturalismus/Ästhetizismus*, Frankfurt/M., Suhrkamp, 1979, pp. 45-6.

giar o atraso, desqualifica o progresso de que aquele faz parte. Uma posição crítica de altura difícil de igualar.[18a] A intermediação do capricho faz que nada nas *Memórias* seja o que parece à primeira vista. Este deslocamento geral, manifestação de divergência entre a forma e os significados comuns, alinha o livro no campo moderno. A informação capital está sempre alojada no desvio ou desmentido imposto pelo procedimento literário a seus materiais. Para Machado tratava-se de significar deliberadamente às expensas do que ficava dito: o verbalizado cede o passo à composição e situa-se num plano de complexidade inferior ao dela, que o desdiz e enquadra em termos tácitos, mais negativos que os explícitos. Esta noção dramatúrgica ou situacional da linguagem, com o correspondente leitor perspicaz e maldoso, constitui uma regra de construção inteiramente *artística*, se pelo adjetivo entendermos a preponderância do recurso formal. A contraprova de sua vigência encontra-se na meia dúzia de passagens onde o autor esquece o princípio da desqua-

---

[18a] Embora ligado ao humor inglês setecentista e ao esteticismo oitocentista, o senso machadiano da extravagância permitiria captar as singularidades propriamente incríveis da sociedade brasileira, devidas ao passado colonial e capazes talvez de espantar o século seguinte. A hipótese, formulada de maneira sibilina, é de Araripe Júnior. "Pois bem, era justamente essa inclinação [de Machado] para os lados trevosos da humanidade que eu necessitava para chegar à descoberta, ou, antes, à exageração de uns certos aspectos novos, que suspeito existirem completamente escondidos no Brasil./ Sim. Eu creio firmemente que a elaboração de quase quatro séculos terá feito germinar coisas tão extraordinárias, que não há imaginação capaz sequer de medi-las, nem de calculá-las./ E, entretanto, essas mesmas coisas existem, passam diariamente ao nosso lado, acotovelam-se; [...]./ Só o pensar no século XX faz-me estremecer./ O que será o Brasil; o que terá saído desse enorme broto inconsciente?" *Obra crítica*, vol. I, Rio de Janeiro, MEC/Casa de Rui Barbosa, 1958, pp. 350-1.

lificação pela forma e procura manifestar diretamente a sua autoridade de escritor culto e agudo. A queda na qualidade é imediata, e por um instante nos encontramos deveras — salvo cegueira para alguma farpa disfarçada — diante das formulações sentenciosas que fazem a delícia de uma parte dos admiradores. Lembremos por exemplo o passo em que o memorialista define o estatuto de seu livro, "obra supinamente filosófica, de uma filosofia desigual, agora austera, logo brincalhona, cousa que não edifica nem destrói, não inflama nem regela, e é todavia mais do que passatempo e menos do que apostolado".[19] Ou lembremos o tom pesaroso das linhas a respeito do ambiente doméstico inicial, onde o tio devasso "não me respeitava a adolescência, como não respeitava a batina do irmão",[20] ou onde as orações ensinadas pela mãe, privadas do espírito que as deveria animar, tornavam-se "uma vã fórmula".[21] Desprovidas de ironia, estas expressões interrompem o curso da volubilidade e fariam supor que a adolescência é pura, não fosse o tio, ou que as orações não são vãs, quando convictas. São exceções à regra da composição, isto é, deslizes artísticos, resíduos bem-pensantes a que o movimento narrativo não logra imprimir a sua complexidade. O caso esteticamente mais paradoxal está no conjunto dos capítulos dedicados à deseducação do protagonista, que comentamos muitas páginas atrás: notáveis como observação e crítica social, deixam ainda assim a impressão de simplismo, isto por abonarem aquela mesma norma burguesa que o movimento do capricho questiona.[22]

---

[19] *MPBC*, p. 116.
[20] *MPBC*, p. 130.
[21] *MPBC*, p. 129.
[22] *MPBC*, caps. X e XI.

A solução artística elaborada no *Brás Cubas* marcava o fim de um ciclo da literatura nacional. A figura do narrador desacreditado e pouco estimável não se prestava ao papel construtivo que por mais de um século os escritores, tanto árcades como românticos, impregnados pelo movimento de afirmação da nacionalidade, haviam atribuído às letras e a si mesmos.[23] A ruptura não passou despercebida, e José Veríssimo anota que "Nunca ele [Machado de Assis] escreveu por baixo de uma novela sua o habitual 'romance brasileiro'".[24] Apesar da admiração, o próprio Veríssimo quisera aqui e ali que Machado fosse mais natural, popular ou patriota, e menos crítico. Salvo engano, para além das restrições à pouca "simpatia", à escassez de "emoções superiores" e "exuberância [...] própria aos brasileiros",[25] estava em jogo o triste efeito que faria o padrão da literatura moderna em pró-homens desejosos de contribuir exemplarmente para a formação da identidade nacional. Uma parte ao menos da aversão que a literatura machadiana despertava em Sílvio Romero também nasceria aí, na incompatibilidade com o "são brasileirismo" e o "brado de entusiasmo para um futuro melhor", termos de intenção progressista, cuja dimensão enganosa, de apologia de classe, naturalmente escapava a seus usuários. "Todo escritor nacional na hora presente está carregado do imperioso dever de dizer toda a verdade a nosso povo",[26]

---

[23] Antonio Candido, *Formação da literatura brasileira*, especialmente "Uma literatura empenhada" (vol. I, Introdução, parte 2) e "O nacionalismo literário" (vol. II, cap. I, parte 1).

[24] José Veríssimo, "Alguns livros de 1895 a 1898", *Estudos de literatura brasileira*, 1ª série, Belo Horizonte, Itatiaia, 1976, p. 159.

[25] *Idem*, p. 157; na 6ª série, ver pp. 103, 105 e 119.

[26] Sílvio Romero, *História da literatura brasileira*, vol. I, Rio de Janeiro, Garnier, 1902, p. 99.

escrevia Sílvio, nos antípodas da radicalização individualista própria à nova literatura, que avançava em direção contrária, aliás com verdades de peso no mínimo igual: "Para liquidar um homem não há nada como a obrigação de representar um país".[27] Assim, do ângulo de nossa crítica naturalista, com seu materialismo vulgar e nacionalismo profundo, era inevitável que Machado de Assis aparecesse como um desbotado, carente de generosidade, valentia, e até de apetite sensual (!).[28] Uma vez que não se encaixava no padrão da hombridade patriótica, a ousadia de seus procedimentos não adquiria visibilidade, e é fato que a reputação do escritor inicialmente se formou com base em méritos convencionais, de homem culto e fino, prosador correto etc.,[29] compatíveis com a ideia de uma excelência nacionalmente aproveitável.

Ao colocar na posição de sujeito narrativo o tipo social de Brás Cubas — o verdadeiro alvo da sátira — Machado tomava um rumo perverso e desnorteante. Camuflada pela primeira pessoa do singular, que a ninguém ocorreria usar em prejuízo próprio e com propósito infamante, a imitação ferina dos comportamentos da elite criava um quadro de alta mistificação: cabe ao

---

[27] Jacques Vaché, carta a André Breton, 29/4/1917, *Lettres de guerre*, Paris, Eric Losfeld, 1970, p. 44.

[28] Com infelicidade característica, Araripe Júnior lamenta nas heroínas machadianas a falta do indispensável *odor di femmina*, falta natural, visto ser o escritor um "asceta dos livros e retraído ao gabinete". *Obra crítica*, vol. II, Rio de Janeiro, Casa de Rui Barbosa, 1960, p. 294. A propósito das prostitutas pintadas pelo modernista Di Cavalcanti, Gilda de Mello e Souza nota outro momento do mesmo padrão de pujança, onde confluem a brutalidade patriarcal, a temática naturalista e o sentimento nacional, que serve de álibi e glorificação ao resto. Ver, da Autora, *Exercícios de leitura*, São Paulo, Duas Cidades, 1980, p. 274.

[29] Antonio Candido, "Esquema de Machado de Assis", *in Vários escritos*, São Paulo, Duas Cidades, 1995, pp. 21-2.

leitor descobrir que não está diante de um exemplo de autoexame e requintada franqueza, mas de uma denúncia devastadora. A julgar pelas reações da crítica, o disfarce prevaleceu quase inteiramente, o que não invalida a leitura social, embora faça refletir sobre a eficácia de uma forma tão enganosa. Como Stendhal, que sabia a sua literatura adiantada de cinquenta anos, Machado escrevia para um público ainda inexistente. A própria escolha do pseudomemorialismo é um lance de insídia, pois embora a moldura biográfica atenue a gravidade das *acusações*, diluindo-as na contingência de um percurso individual, finge-lhes também o estatuto irretorquível da *confissão*. É como se, movido pela volubilidade, um prócer nacional abrisse à visitação pública, na própria pessoa, os vícios de sua classe. Aliás, pelo que supõe de intimidade com a baixeza, a encarnação sarcástica no ego da ilustre figura estabelece um complicado e ferino pé de igualdade, algo como a disposição interior de enfrentar o adversário, objeto de repulsa, com conhecimento de causa e meios à altura. Por outro lado, quais as referências que introduzem distância na identificação, permitindo pautar o fluxo narrativo de modo a torná-lo uma auto-alterodenúncia, guardadas embora as aparências de espontaneidade e acaso? Travestido de figurão, mas radicalmente compenetrado seja da perspectiva dos dependentes, seja da norma burguesa europeia, Machado se aplicava a observar e inventar desempenhos característicamente lamentáveis à luz destes pontos de vista. Os resultados são verdadeiros exercícios na arte da traição de classe. Com as diferenças do caso, lembremos a fórmula de Walter Benjamin, segundo a qual Baudelaire seria "um agente secreto — um agente da insatisfação secreta de sua classe com a própria dominação".[30] Retomando um argumento ante-

---

[30] Citado em Dolf Oehler, *Pariser Bilder I*, p. 15.

rior, digamos que pela sua compleição formal o *Brás Cubas* não se acomodava ao pacto histórico de nacionalismo, ilustração e elite, e mais, lhe expunha a dimensão ideológica e os funcionamentos classistas (ainda que sem denominá-los, isto é, sem obrigar ao seu reconhecimento).

Levada em conta a modéstia do romance brasileiro até então, o número e a agilidade das referências cultas invocadas nas *Memórias*, particularmente nos capítulos de abertura, tem algo de uma entrada triunfal. Aí estava um escritor muito mais armado que seus contemporâneos e predecessores, e interessado aliás em assinalar isso mesmo. Uma distância comparável repete-se no interior do próprio livro, separando o espaço atualizado e universal, onde evolui e argumenta o narrador, do espaço restrito das anedotas com sabor localista. Digamos que o desequilíbrio estético trazia para o plano da forma uma tensão histórica existente. — Do ângulo da composição, e à primeira vista, a desarmonia ocasiona um certo esvaziamento dos dois polos. Encontrando pouca sustentação na órbita da fábula, a atividade reflexiva adquire algo gratuito, que autoriza o leitor a perguntar, em expressões do próprio Brás, "se o capítulo passado [de pseudofilosofia acintosa] é apenas uma sensaboria ou se chega a empulhação".[31] Ao passo que os episódios de intriga, irônica e arbitrariamente erguidos a suporte de indagações "superiores", e desvinculados assim do contexto prático, ficam privados de significação imanente. A sua relevância passa a ser o produto — *forçado* — das complacências especulativas do narrador. O apequenamento das personagens, que a despeito da motivação rebuscada frequentemente dão a impressão de bonecos, prende-se a esta função meramente ilustrativa, à infinita distância que as se-

---

[31] *MPBC*, p. 167.

para do atualismo borbulhante de quem está com a palavra. Mais adiante, no final do capítulo, tentaremos interpretar o conteúdo destes desencontros; por agora, voltemos a seu fundamento extraliterário. A sobrevivência do molde colonial em meio a condições modernas tanto explica o mundo apartado, alheio à civilização contemporânea e às suas categorias, como explica o apetite que estas despertam e o toque de descrédito que as acompanha. Neste sentido, o desajuste estrutural das *Memórias* reproduzia contradições objetivas.

Na mesma linha, percebe-se o problema a que a volubilidade de Brás Cubas dava uma espécie de solução: em termos exigentes, livres de simpatia com a nossa estreiteza, qual o significado da experiência brasileira? A circulação intensa do narrador entre o dado local e os prismas prestigiosos do Ocidente fabricava para fins literários a intimidade do Rio de Janeiro com o mundo, intimidade que se estava tramando na prática, mas pouco se desdobrava nas consciências, pautadas pelas linhas de segregação características do país. Dona Plácida e a crítica voltairiana da Divina Providência; Virgília e as astúcias da reprodução da espécie, segundo Darwin; uma asa de frango como finalidade última e chave explicativa do processo da colonização: por causa da asa foi caçado o africano que plantou o milho que alimentou a galinha cujo osso Quincas Borba filosoficamente está trincando. Tratava-se de desprovincianizar o cotidiano carioca, de ligá-lo à cultura universal na sua plenitude, ainda que um pouco em seco.

É certo que as *Memórias* são o primeiro romance brasileiro sem as limitações da província. Não que o narrador hiperculto haja identificado um nervo de atualidade nas anedotas locais, estabelecendo-lhes a relevância. Pelo contrário, a força literária de suas explicações, engenhosas e bem formuladas, está na inadequação. Pela ordem, havíamos observado a construção dissonante do livro, considerada em seguida como reprodução de um impasse do país real. A própria dissonância nasce de uma tentativa de superação artística: a volubilidade de Brás Cubas opera, a título pessoal, a universalização de nexos que a escravidão e o mandonismo impedem na prática; a multiplicação das referências cultas supre a precariedade das relações efetivas, registrada na pouca espessura da intriga e das anedotas, donde a desproporção. Deste ângulo, a forma das *Memórias* a) transcreve uma dificuldade histórica, b) busca uma saída para ela, e c) acusa um sacrifício no plano da composição, sacrifício característico e significativo por sua vez. Noutras palavras, trata-se de uma forma rigorosa, ajustada, instrutiva pelos termos e pela lógica interna. A amplitude e densidade dos conhecimentos de Brás, que supõem outro tanto e muito mais da parte de Machado, comprovam as possibilidades culturais verdadeiramente grandes — que hoje não estamos habituados a considerar — da elite brasileira oitocentista. Os horrores da estrutura social não impossibilitavam a frequentação extensa da vida intelectual europeia, embora lhe deslocassem o aproveitamento. A desprovincianização do Brasil pela via da volubilidade, ou seja, das associações mentais arbitrárias de um brasileiro culto, que vê tudo em tudo, Aristóteles aqui, Santo Agostinho e Gregorovius ali, é a caricatura machadiana daquela situação, ou ainda, a fixação de um seu aspecto apalhaçado que dura até hoje. Ponto por ponto, a indisciplina deste processo é disciplinada pela sua funcionalidade para os interesses tácitos e pedestres do narrador. Assim, a desprovincianização alcançada nas *Memórias* não decorre em linha reta da acumulação de recursos intelectuais, configurada em grande estilo na prosa do defunto autor, de quem se poderia dizer sem susto que ombreava em cultura com os melhores modelos. Com notável audácia (e desprendimento em relação ao volume de leituras feitas), o repertório inteiro das Luzes é subordinado a um movimento negativo e tratado como ideologia. O efeito literário realista e o *insight* histórico não estão na justeza ou no prolongamento das reflexões de Brás, mas na sua eficácia como desconversa e no seu significado *em outro nível*, que cabe ao leitor identificar e construir. Em Brás Cubas convivem o cavalheiro esclarecido, o inventor charlatão, o discípulo de um doido, o deputado absurdo. Cotrim abriga na sua pessoa um comerciante respeitável e um contrabandista flagelador de africanos. Analogamente, ocultada nas piruetas lítero-filosóficas do narrador ilustrado, reconhecemos a fisionomia específica de um engendro da escravidão. O quase ministro Lobo Neves é uma águia em política, mas deve a cadeira de deputado ao sogro e recusa a presidência de uma província porque a nomeação saiu no dia 13. E a própria Virgília, tão elegante e desenvolta no adultério, só ama fora do casamento porque "é a vontade do céu",[32] além de recitar o catecismo inteiro por ocasião de trovoadas. O leitor notará que o denominador comum do elenco está no contraste entre a face pública, marcada pelo ar de Corte e modernidade, e os traços em que se vê ou adivinha a Colônia. Na figura de Cotrim as discrepâncias são exploradas com maldade e brilho excepcionais, propiciando uma página de grande literatura. Também a fisionomia oligárquica do narrador se constrói com exatidão e garra notáveis, mas vimos quanto ela passa incógnita, o que não será uma falha, embora indique o traço ambíguo. Na figura de Virgília a linha desenvolvida é outra, ainda que o mesmo contraste esteja bem presente. Digamos então que sistematicamente Machado incluía em seus caracteres elementos das duas esferas — com resultado variável, pois o contraste tanto pode se solucionar num movimento que o explore, como pode colocar lado a lado elementos que não se chegam a integrar, ocasionando uma certa falta

---

[32] *MPBC*, p. 196.

de foco, um vazio entre a diversidade das observações feitas e o desenho final do tipo. Assim, os dois Brasis estão justapostos no interior das personagens, heterogêneas por construção. Estas compõem uma galeria razoavelmente normal, se o ponto de vista for o cotidiano; se for o europeizante, parecerá haver exorbitância generalizada, e estaremos em companhia de uma população de excêntricos, bandidos, supersticiosos etc. A instabilidade vertiginosa do juízo repete à sua maneira o estatuto do país, cuja normalidade, do ângulo das ideias hegemônicas do tempo, era uma anomalia. O grotesco destas incertezas, potencializado pela repercussão no amor-próprio das figuras, veio a ser uma especialidade machadiana. Tratado no âmbito quase exclusivo dos indivíduos, sem apoio em história social e descrição de instituições, e sobretudo sem desdobramentos de intriga mais consideráveis, o desconcerto se apresenta sob o prisma moral. Entretanto, se recolhermos o legado da Colônia em cada personagem e reunirmos o conjunto, veremos surgir a matéria do romantismo pitoresco, de evidente dimensão coletiva. Aí estão os castigos de escravos, a religiosidade tradicional, as parentelas, o mandonismo etc. Ocorre que, tomados um a um e associados à presunção civilizada de algum protagonista, estes elementos lhe passam a fazer parte do foro interior, constituindo um *problema*, ou seja, o contrário da simples *cor local*. Aí o avanço: Machado superava o pitoresquismo dos antecessores através da *interiorização*, mas não lhes jogava fora a linhagem, e talvez se possa dizer que a sublimasse, *ou que se especializava no pitoresco de nossas questões de consciência*. A crítica, marcada pela poetização romântica e patriótica do localismo, e notando a sua ausência na ficção machadiana, assinalou a preferência do Autor pelo universal. Basta entretanto considerar o desnível interior dos tipos que compõem o *Brás Cubas* para perceber aí outra espécie de pesquisa da peculiaridade e da necessidade histórica — em veia contrária ao ufanismo. Diversamente dos românticos, para os quais o pitoresco funcionava como exigência cenográfica, à qual a dramaturgia propriamente dita escapava, Machado o vai situar no âmago mesmo de suas personagens principais: pensando bem, o que mais pitoresco do que Cotrim, Dona Plácida, Virgília, Quincas Borba e o próprio Brás? E diversamente dos naturalistas, que vão buscar a nota local nas classes inferiores ou em regiões longínquas do país, Machado a localizava em nossa elite encasacada.

A certa altura, no capítulo onde corrige "o princípio de Helvetius", Brás Cubas observa uma contradição em seus interesses de galã: a *segurança* mandava guardar secreto o adultério com Virgília, ao passo que o *desvanecimento*, sequioso de inveja alheia, queria deixá-lo transpirar. O primeiro interesse "era reflexivo, supunha um silogismo anterior; o segundo era espontâneo, instintivo, vinha das entranhas do sujeito; [...] o primeiro tinha o efeito remoto, o segundo próximo".[33] Algumas páginas depois, já agora a propósito de caridade, e dos desvanecimentos que também esta proporciona, Brás considera que "todo e qualquer prêmio estranho vale pouco ao lado do prêmio subjetivo e imediato".[34] Ou seja, o interesse dito bem compreendido, que leva a realidade em conta, contrasta desvantajosamente com a presteza da satisfação imaginária, a qual, embora risível, prevalece. O leitor terá reconhecido neste "prêmio subjetivo e imediato" o estado de espírito que comanda a volubilidade e domina o mundo das *Memórias*, mundo ligado, assim, a uma reconsideração desfrutável das Luzes.

---

[33] *MPBC*, p. 280.
[34] *MPBC*, p. 301.

Sendo o motivo dos motivos, ou o motivo que desponta atrás dos demais, a procura da "supremacia qualquer" prontamente cristaliza como noção abstrata, alegorizada nos atos do narrador e das personagens. A compreensão que primeiro se oferece pertence a um horizonte pré-moderno: não há ser humano sem um grão de sandice. Milita a seu favor o cunho arcaizante da prosa narrativa, carregada de tropos, abstrações personificadas, anedotas apologais, construções propriamente alegóricas etc. Em chave oposta, contudo, a preeminência do capricho se pode ler como caracterização diferencial de uma sociedade não burguesa em tempos de hegemonia burguesa. Nesta acepção, a volubilidade perde em *status* metafísico, e vale pelo complexo de relações históricas a que faculta expressão. Analogamente, o aparato da linguagem ornada, caduco em face das exigências de desconvencionalização e historicidade, vem reaproveitado de maneira irônica e dentro do mais afiado critério realista, em princípio o seu contrário. A distância que o separa da prosa sóbria e objetiva alude à posição real da sociedade brasileira, à relação desta com os seus modelos, presumidamente conformes com a Razão. Fica no ar uma quase regra de obliquidade: a roupagem literária antiquada serve à imitação historicamente específica, ao passo que a terminologia e o discurso ostensivamente atualizados dão respaldo cômico a comportamentos obsoletos.

O narrador volúvel é técnica literária, é sinal da futilidade humana, é indício de especificidade histórica, e é uma representação em ato do movimento da consciência, cujos repentes vão compondo o mundo — vasto, mas sempre *interior*. Neste espaço, agitado pelos ritmos vivos do sentimento de si, a parafernália da retórica clássica sofre uma surpreendente conversão. A mais gasta e pública das linguagens funciona como imitação muitas vezes direta e nada convencional do processo psíquico e da vida social que habita os seus recessos. Apesar de contrários ao espírito da prosa moderna, os efeitismos da eloquência tradicional convêm muitíssimo à encenação da volubilidade, pois também esta última vê e fala descaradamente em causa própria. Astúcia forense, interpelações abruptas, comparações deprimentes, referências clássicas etc. vão como uma luva à expressão da fome interior de reconhecimento e grandeza, cujo contraste com a mediocridade "externa" é um efeito realista. Estamos em clima preparatório, a vinte anos de distância, da descrição freudiana do devaneio e do sonho — que segundo a fórmula célebre são sempre "satisfações de um desejo", em presença de um censor, à custa do real e mediante utilização imaginária de elementos deste último.[35] No plano dos encadeamentos narrativos observa-se uma afinidade análoga. Na medida mesmo em que truncam o nexo realista, as interrupções, intercalações cifradas, substituições, associações, deformações, condensações e ampliações dão a conhecer a ordem do psiquismo, não menos articulada que a outra, bastante à maneira do que Freud indicaria a propósito da elaboração onírica. Assim, apesar de imutável, a inconstância dos humanos traz uma fisionomia filosófico-científica no rigor da moda; e a paisagem de alegoria — frequentada por defuntos e abstrações como o Tempo, a Natureza, o Infinito — pede para ser enxergada como espaço interior.

 Vejamos outros exemplos deste uso figurativo e maliciosamente *realista* do mundo metafísico. O descaso com que o narrador compara e troca umas pelas outras as perspectivas mais díspares, de aquém e além-túmulo, aponta para a equivalência de tudo e todos em face da morte (a "contração cadavérica" — ou

---

[35] Ver também o grande papel que Freud atribui à *Selbsterhöhung*, à busca imaginária da supremacia. "Der Dichter und das Phantasieren", *Studienausgabe*, vol. X, Frankfurt/M., Fischer, 1982, pp. 173-4.

alegórica — de que sofre a obra, segundo Brás). Por outro lado, a variedade anárquica dos motivos logo se reduz a um só, ao egoísmo. Esta redução do diverso ao elementar, pela via do engenho analítico, traz a marca estilística do racionalismo seiscentista, e tem algo de conhecimento *positivo*. O seu referente é a natureza natural do Homem, se é possível dizer assim, e não a condição de pecador em nosso vale de lágrimas. Também a universalização da rivalidade entre os indivíduos, embutida no procedimento literário, pertence ao horizonte inicial da ordem burguesa; e a própria equivalência geral, se atentarmos para a nota interesseira, mistura ao nivelamento operado pela *morte* a equalização sugerida pelo *mercado*, que transforma a todos em competidores. Por fim, o feitio extravagante das diferentes teorias realça a parte de fantasia inerente a todo voo explicativo, mas nem por isso deixa de aspirar ao vanguardismo psicológico, próprio ao esquema rigoroso e filo-científico da compensação imaginária, nem perde o propósito de caricatura, ligado às peculiaridades criticáveis da vida intelectual brasileira. Esta multiplicidade de leituras, sustentadas pela técnica narrativa e desmentidas pela estrutura profunda do livro — como em seguida se verá — compõe um concerto de vozes discrepantes, de densidade e relevância notáveis.

Entre as feições espetaculares das *Memórias* está o tratamento "temperamental" dispensado a espaço e tempo. O teor tão *absoluto* da volubilidade se deve, como não podia deixar de ser, a uma posição relativa, ou seja, ao desrespeito à convenção realista, que, embora destratada, fica sendo a norma pressuposta. De fato, à primeira vista o narrador defunto e a manipulação "arbitrária" da cronologia configuram um insulto à verossimilhança e ao senso comum, bem como a seu correlato, o estatuto mimético da literatura. À segunda vista, a ênfase será contrária, e recairá sobre a ousadia e profundidade da mimese machadiana, que trata de apreender objetos histórico-sociais novos, organizações efetivas, de que o insulto à verossimilhança faz parte real. Voltemos, deste ângulo, à mobilidade camaleônica do narrador, com as suas consequências atomizadoras: a interrupção de si, dos outros, dos atos ou da prosa forma antiunidades brevíssimas, completas e psicologicamente inteligíveis, que não vão além delas próprias — salvo em direção da metafísica, já que a inconsequência funciona como *imago mundi*. Os pontos finais dos movimentos são colocados discricionariamente, com prejuízo deliberado para a matéria ficcional, mas segundo a economia psíquica da compensação imaginária, ou seja, no perpétuo afã de marcar uma superioridade qualquer à custa de alguém ou algo. Disparatado e fácil de entender, este recorte-andamento se efetiva pelo recurso sistemático à intromissão espirituosa, que lhe serve de pontuação, ao mesmo tempo que pareceria excluir de cena os conjuntos complexos, dotados de amplitude, contradição, desdobramento objetivo, integração do diverso, tempo longo etc. Aí o efeito cômico, e *mimético*, pois fica circunscrita uma sociedade ao mesmo tempo interesseira e simplezinha — a receita mesma da trivialidade — onde as virtudes burguesas do longo prazo são outras tantas palavras vãs.

Ainda no que respeita à desdiferenciação que parece decorrer do princípio formal das *Memórias*, notemos pelo contrário alguns resultados altamente diferenciados e pioneiros, ligados ao caráter *numeroso* do procedimento. Vistos no conjunto, os imediatismos da conduta volúvel se distribuem por grupos assemelhados, dentro dos quais se reindividualizam, produzindo uma noção arejada de presença, de que as variantes ausentes fazem parte. O conjunto dos grupos, por sua vez, tanto exemplifica a incapacidade humana para o fixo, como compõe, através do contraste entre os diferentes tipos de volubilidade, um padrão *sui generis* de presente histórico, menos fatual e local do que é costume imaginar, um presente de cujo cerne participam a todo momento o alhures prestigioso e a insatisfação (ou satisfação escarninha) com o aqui e agora. Outras tantas buscas de supremacia, as licenças com a convenção narrativa, as iniquidades no trato com dependentes e escravos, a conivência com a abjeção dos ricos, a malversação da prosa e dos recursos intelectuais das Luzes, a estudada ruindade na agressão aos bons sentimentos do leitor etc. figuram com grande número de exemplares, que se acumulam como as instâncias espalhadas de um processo em curso, além de se refletirem e contaminarem reciprocamente, do mais ligeiro ao mais grave e vice-versa. Um princípio aditivo, com baixo teor de articulação explícita, que a despeito ou por causa do amalucado de suas unidades mínimas configura uma experiência materialista e moderna — a realidade como fluxo pautado de reiterações.

Ao colher as suas referências em todos os cantos do planeta e da História, Brás forçosamente as descontextualiza, como descontextualiza a si próprio quando as toma para... contexto. A nossa análise tratou de construir a ambiência histórica e de classe dessa descontextualização, prisma a que voltaremos adiante. Por agora note-se que o capricho deixaria de ser ele mesmo se tomasse as situações pelo aspecto que estas mostram ao realista. A extravagância manda que as aparte de seu chão na História, com o que, fechando o círculo, as prepara para a ordem de apreciações e combinações livremente subjetivas, ainda que disciplinadas, que se poderia designar como formalismo ou esteticismo. Assim, a certa altura Brás agradece ao céu "o dom de achar as relações das coisas, a faculdade de as comparar e o talento de concluir".[36] O agradecimento vem a propósito de uma analogia astuciosa e descabelada entre a faceirice das damas maometanas e a desolação do Damasceno: aquelas velam o rosto de modo a valorizar a cara inteira, e este não se conforma com o escasso número dos pre-

[36] *MPBC*, p. 276.

sentes ao enterro da filha, para o qual expedira oitenta convites. Segundo argumenta o narrador, há um miolo comum aos dois casos, pois um como o outro testemunham a importância da Formalidade — a "amável Formalidade" —, capaz de enxugar "as lágrimas de um pai" e de captar "a indulgência de um Profeta".[37] A ostentação de engenho pode enganar o leitor e levá-lo a citar com elogios a passagem sobre "o dom de achar as relações das coisas". Estará errado, pois o trecho exemplifica a comparação de tudo com tudo, um uso esdrúxulo da inteligência e da abstração, enfaticamente da mesma ordem veleitária das anedotas que glosa e pretende transcender. As muitas teorias de Brás Cubas, com o seu universalismo especioso, entram todas neste capítulo. Isso posto, a notória multiplicação de paralelismos, gradações, repetições com resultado diferente, diferenças com resultado idêntico etc. — decorrência necessária do princípio formal com módulo único — educa o golpe de vista *estrutural*. Este separa do núcleo ficcional as motivações, os feitios de frase, soluções narrativas, esquemas situacionais etc., para reagrupá-los segundo as eventuais correspondências, numa ordem fora de tempo e espaço, ora disparatada, ora poética, mas sempre interessante, pois se lhe acontece não revelar "as relações das coisas", representa um funcionamento da imaginação, com os desejos e as satisfações correspondentes. As próprias reflexões do narrador sobre as damas muçulmanas e o Damasceno servem como ilustração.

As faltas cometidas contra o tempo vêm acompanhadas de explicações e conotações as mais diversas. Podem manifestar a desenvoltura do defunto encastelado na eternidade, ou melhor, o ceticismo oitocentista munido de erudição histórica e descrente do Progresso. Mas o desacato à verossimilhança e à convenção

---

[37] *Idem.*

narrativa pode representar também, no terreno das relações com o leitor, um desdobramento da prepotência de classe do narrador-personagem: a Lei existe, para ser invocada e desrespeitada pelos seus beneficiários. Graças à força meditativa e romântica da memória, a livre circulação entre presente e passado pode ainda expressar uma vitória da consciência sobre a irreversibilidade do que já foi. Ou, enfim, a ruptura com o senso comum se pode entender como a derrubada do sistema de ilusões em que se escorava o Realismo, devolvendo à ficção a sua radicalidade lúdica e crítica, e assim por diante. Levada em conta a trama ficcional, contudo, o elemento comum está na ação dissolvente do capricho, que ataca os mínimos de unidade ou consequência sem os quais tudo parece posto em questão. Para o nosso argumento importa assinalar o nexo entre esta desagregação, causada pelas muitas idas e vindas, e uma extraordinária rearticulação produzida noutro plano, complementarmente. A volubilidade desmancha a vigência do relógio, dos esquemas sequenciais convencionados, da ordenação indispensável à vida ativa, mas em vão, pois o tempo ressurge no interior dos movimentos da volubilidade ela mesma, impregnados de uma temporalidade diferenciada e complexa, como só na maior literatura se encontra. O foco da mimese e da apreensão do *quid* histórico se desloca do narrado para o ritmo específico do narrador, cujas implicações no tempo, ou para o tempo, são a quintessência do livro. Seria enganoso falar em subjetivismo, pois, como vimos, a volubilidade é de todos. Dizendo de outro modo, a façanha não está nos acintes à cronologia, notoriamente emprestados a Sterne, mas na sua adaptação à estrutura social brasileira, bem como na imaginação rigorosa de suas consequências para o sujeito. A melancolia, o tédio, o desgaste, a desagregação e o nada — as famosas especialidades machadianas — formam o desdobramento involuntário, no próprio ser do narrador, da sequência de arbitrariedades socialmente balizadas que lhe constituem a narração. Trata-se de formas peculiares de experiência do tempo, nas quais estão recolhidos e decantados os efeitos de uma formação social.

No capítulo final, "Das negativas", o narrador enumera as coisas que não foi: "Não alcancei a celebridade do emplasto, não fui ministro, não fui califa, não conheci o casamento". Para captar a nota sardônica destas frustrações, é preciso não esquecer o caráter desqualificado da fama, da política, da filosofia e dos casamentos em questão. O objeto da ambição frustrada é ele mesmo frustro e não se sustenta: a insuficiência da vontade diante de um alvo desvirtuado, eis aí uma configuração muito nacional, com fundamento histórico profundo, expressa noutra veia por Oswald de Andrade, quando refere a "pista inexistente"[38] onde havia corrido a primeira parte de sua vida literária. Fazendo o contraponto com estas frustrações, vem "a boa fortuna de não comprar o pão com o suor do meu rosto". Uma vantagem óbvia, mas que do ponto de vista implícito e adverso da ética do trabalho, ou também do sentimento cristão da vida, é mais outro sinal de menos, outra maneira de não ser. Acentuada pela repetição, a dubiedade reaparece na frase seguinte, onde Brás inclui no seu saldo positivo o não haver padecido "a morte de Dona Plácida, nem a semidemência do Quincas Borba" — uma falta de caridade no que se refere à agregada, e ilusão no que diz respeito à saúde mental própria. Sarcasticamente musical, a condução do argumento alterna os passivos com ativos que, salvo na perspectiva egoísta e classista da personagem, não contrabalançam os primeiros, pois são outras tantas dívidas, tornando ainda mais pronunciado o desequilíbrio das contas. A tensão resol-

---

[38] Oswald de Andrade, *Serafim Ponte Grande*, São Paulo, Global, 1984, p. 9.

ve-se na célebre frase final, por um superávit que é o déficit mais irrecuperável, ou por um déficit que é o único saldo que conta: "— Não tive filhos, não transmiti a nenhuma criatura o legado de nossa miséria". Preparada pelo *crescendo* escarninho no polo das afirmações intoleráveis, valorizada mediante um travessão, a frase retumba e como que conclui o romance por uma afirmativa enfática (ainda que negativa), em ruptura com a constante relativização dos juízos implicada no princípio formal. Também a passagem da primeira pessoa do singular para o plural da "nossa miséria" parece indicar o salto a um plano diverso e mais grave, onde o defunto por fim deixasse as esquivas e a literatura, e assumisse a responsabilidade de dizer as coisas como elas são. A distância entre a rotina espirituosa da narrativa e este remate em *fortíssimo* de fato parece solicitar a interpretação metafísica do livro, que no seu fecho transcenderia os jogos da ficção e dos interesses individuais ou sociais, a bem da constatação da miséria dos humanos. Por outro lado, o acorde formado por Mesquinharia e Absoluto, com funcionamento especioso do segundo termo, é nosso velho conhecido. Então por que supor um estatuto à parte para a frase final, em lugar de ver nela a intensificação drástica dos dinamismos anteriores? O movimento que prepara o desfecho gira em torno dos prós e contras da vida de Brás, com a particularidade satírica de que os primeiros não são melhores do que os últimos, aos quais se adicionam, sugerindo uma avaliação em divergência com a contabilidade ostensiva do narrador — até aquele momento. A soma dos passivos explícitos e implícitos produz o déficit a cuja gravidade se refere a tirada final, que entretanto o transfere da conta de Brás Cubas para a da humanidade, socializando, por assim dizer, os prejuízos. A vida a que melhor seria não dar continuidade se confunde com a da espécie, como sugere a frase conclusiva? Uma certa grandiloquência bufa do narrador, o seu gosto pela farsa lúgubre e pela bofetada ardida obrigam a considerar também a outra hipótese, para a qual aquela frase — de efeito — encenaria a esterilidade e o desejo de esterilizar particulares a quem a formula, desdobrando, por aí, o impasse de um destino histórico. A lista do que Brás não foi se poderia encompridar, e parece dizer, por extensão, que ele não foi nada. Isto é, nada de *apresentável*, na ordem burguesa das realizações individuais, devidas a esforço ou mérito. Alguma coisa entretanto ele terá sido, ainda que o romance pareça não dispor dos termos para ela, sem prejuízo de a desdobrar narrativamente. Digamos que o não-ser, afirmado com todas as letras, participa aqui de alguma espécie de ser, este muito presente, embora desprovido de acompanhamento reflexivo que o identifique. O conjunto reitera o círculo vicioso imposto à inteligência nacional pela realidade: a) o primado normativo da terminologia da Europa contemporânea, b) a sua ineficácia como síntese descritiva das relações locais e c) a impotência reflexiva destas mesmas relações, a que falta a força histórica para conceber a atualidade em termos de sua própria experiência — que existe e contudo é nada. A fórmula deste processo difícil, que ainda está em curso, foi cunhada por Paulo Emílio Salles Gomes, a propósito da história do cinema brasileiro: "A penosa construção de nós mesmos se desenvolve na dialética rarefeita entre o não ser e o ser outro".[39]

Qual o significado da vida de Brás Cubas, que as negativas acima parecem desconhecer, ao mesmo tempo que o ajudam a configurar? Tentamos uma resposta ao longo dos capítulos precedentes, estudando o caminho da personagem-autor, a posição ambígua diante da norma civilizada, as relações iníquas com os

---

[39] Paulo Emílio Salles Gomes, *Cinema: trajetória no subdesenvolvimento*, Rio de Janeiro, Paz e Terra, 1980, p. 77.

Questões de forma

inferiores e dependentes, a conivência com os socialmente iguais, de que a iniquidade anterior é o nervo. Salvo engano, resulta um mundo coerente, historicamente identificado, de cuja dinâmica o percurso biográfico da figura central oferece uma exploração entre outras possíveis. Isso posto, apesar da atenção minuciosa aos nexos internos do romance, a nossa leitura apresenta uma certa dificuldade, devida à divergência completa com as explicações do narrador. Estas são heterogêneas, como vimos, e escolhidas de maneira a aludir à totalidade dos recursos intelectuais disponíveis. Com efeito, não há chave de que Brás não se valha para decifrar e reduzir a nada os movimentos da volubilidade, donde uma espécie de *nihilismo eclético*, a que não falta o traço de comédia. Assim, o espetáculo da vida carioca é levado a exemplificar a insignificância de nossa condição, glosada pelo narrador à luz desencontrada do *Eclesiastes*, da sandice conforme os renascentistas, da explicação mecânica do universo, da imensidão dos espaços astronômicos, da natureza egoísta da conduta humana, da equivalência entre tudo e tudo, da preponderância avassaladora de hábito e instinto, da dinâmica especial do inconsciente. A lista, numerosa e passível de ser estendida, se define contudo por uma ausência: *entre as suas várias ordens de explicação não figura a interpretação histórica*, vale dizer, a reflexão que busca os termos capazes de apreender e tornar problemáticas a forma particular a uma sociedade, uma classe, uma vida. Num livro em competição com o Romantismo, e aliás marcado na dicção e no título pelas *Mémoires d'outre-tombe* — uma das prosas fundadoras da sensibilidade moderna para a História —, esta lacuna não se deve ao esquecimento. E de fato, a nota escarninha que acompanha os raciocínios universalistas do narrador se prende ao que no fundo eles representam como finta, como fuga ao pensamento particularizado, que estivesse na medida de sua circunstância específica. Assim, se estivermos certos, Machado compunha um romance em sintonia rigorosa com o momento social, mas isto mediante renúncia aos procedimentos intelectuais e artísticos elaborados com este fim pela corrente da consciência histórica. Como se não bastasse, lançava mão de vocabulário, conceitos e recursos explicitamente contrários à expressão reflexiva do universo de relações onde eles mesmos evoluem e de que fazem parte funcional. Noutras palavras, tratava-se de escrever um romance realista com soluções literárias antirrealistas, e de configurar o peso da realidade nacional fora do âmbito de suas explicações em voga, por meio exclusivamente do acerto da composição. Ficava evitada, assim, ao mesmo tempo que retratada, a aplicação imprópria da terminologia europeia recente à sociedade local. Ficava evitada também a parte de poetização e apologia quase inseparável do historicismo romântico, bem como outra característica deste, o pressentimento de um ponto de crise, que no caso brasileiro possivelmente constituísse a melhor promessa e maior ilusão da historicidade. Entre as perspectivas insólitas e tremendas armadas nas *Memórias póstumas* de fato figura a de que as iniquidades da sociedade brasileira deem em nada, mas nem por isso tenham um fim à vista. Digamos ainda que a universalização da volubilidade, apesar do juízo negativo implícito, sustenta o âmbito individual como insuperável, ou melhor, superável só pela extinção da espécie. Ao escrever um romance "do seu tempo e do seu país" com recursos do século anterior, Machado bloqueava a fusão romântica do indivíduo no coletivo e na tendência histórica, barbaridade moderna e regressiva explicitamente visada na crítica ao Humanitismo, para o qual a dor individual não existe.

Apesar do gosto pela perfídia, pelo estapafúrdio ou pela charada, os encadeamentos que ocupam o primeiro plano da prosa são fáceis de seguir e explicitar. Para entendê-los basta não lhes perder de vista a chave universal, a volubilidade do narrador e as suas demandas, antirrazoáveis e antirrealistas por natureza. Num capítulo do início apontamos a força unificadora deste movimento e o apresentamos como o princípio formal das *Memórias*. Agora retificamos aquela afirmação, e localizamos a forma profunda do livro no deslocamento sofrido pela volubilidade e pelas explicações correspondentes, deslocamento devido à presença tácita e sempre poderosa do conjunto das relações sociais. O redimensionamento se produz fora do âmbito reflexivo do livro, e compõe uma destas realidades bem-configuradas e sem nome conhecido em que iria se especializar a melhor literatura pós-realista. Digamos portanto que a forma latente se manifesta pela desqualificação da forma de primeiro plano, reconsiderada à luz da matéria romanesca. É claro que viravoltas desta espécie são sempre virtualidades da leitura moderna, convencida da objetividade da forma, e não dependem de intenção autoral. No caso de Machado, entretanto, o propósito de despertar o leitor para uma posição independente e contrária ao narrador, mediante utilização daquele novo estatuto da forma, é inegável. Neste sentido, além das provocações de toda espécie, há o procedimento das citações afrontosamente torcidas em causa própria, incitando à verificação dos passos e motivos de quem está com a palavra. A esse propósito não custa lembrar o já estudado capítulo XXXV, "O caminho de Damasco", onde a conversão do Paulo bíblico ao cristianismo dos perseguidos serve de modelo a Brás Cubas na sua conversão ao egoísmo oligárquico. Atrás do narrador, denunciando-o ao senso crítico do leitor, está o artífice das situações narrativas.[40]

O estatuto metafísico da volubilidade nas *Memórias* é fugidio. Em contraste com a solidez e eternidade da matéria bru-

---

[40] O uso machadiano das citações, sempre especioso, merece um estudo particular. As alusões francesas nas *Memórias póstumas* foram examinadas de modo sugestivo na tese de Gilberto Pinheiro Passos, *A poética do legado*, São Paulo, USP, 1988 (São Paulo, Annablume, 1996).

ta, ou com a certeza da morte, ela é o nada, o que não subsiste. Mas ela também é tudo, quando manifesta a realidade do instinto e os ritmos naturais da vontade, contra a ideia do homem como ser consciente e superior. Há ainda a virtualidade heroica, quando a imaginação (romântica) vence o tempo e as circunstâncias para imprimir às coisas e a si mesma um significado particular, criação que tampouco resiste, já que será abandonada pela inconstância dos humanos antes ainda de o tempo a devolver ao pó. As teses ontológicas fazem contrapeso uma à outra, causando uma das hesitações marcantes do livro, a saber o vaivém entre espiritualismo e materialismo, com direito a viravoltas sensacionais, quando os termos se convertem nos seus contrários. O que mais materialista do que uma "necessidade de consciência",[41] tão estrita quanto as leis do movimento da matéria ou quanto a necessidade de comer, e o que mais espiritualista do que notar os refinados requebros com que o instinto cuida de seus negócios? Dito isso, a relevância do debate no caso não é filosófica, pois ele deve a pertinência literária a uma outra ambiguidade, esta sim central, que lhe empresta a ressonância irônica: quando confrontada à exigência burguesa e oitocentista de constância, objetividade e razão, a volubilidade, que é a forma na qual a consciência comparece neste livro, é pejorativamente o não-ser; e quando confrontada ao sistema das relações sociais brasileiras, onde o arbítrio pessoal é um fato de estrutura, com alcance prático, a mesma volubilidade aparece como força substantiva, impossível de contornar. Quer então dizer que o grave e insolúvel tema ontológico se perfila ora assim, ora assado, de acordo com as circunstâncias? Digamos que o nada pelo qual concluem as *Memórias* é complexo, expressando a pressão ao mesmo tempo

---

[41] *MPBC*, p. 214.

real e inócua do molde da civilização contemporânea sobre as prerrogativas de que se beneficia a classe dominante brasileira, prerrogativas que nem por isso deixam de existir, lançando reflexos sardônicos sobre a própria condenação — e sobre o debate metafísico que obliquamente lhe dizia respeito. O nada alimenta-se do processo que o precede, e sua leitura será tanto mais instrutiva quanto mais profundamente articular esta impregnação.

Dentro de seu mecanismo simples, a busca de compensações imaginárias segue igual do começo ao fim do livro, imprimindo-lhe a monotonia agressiva. A permanência do ritmo básico entretanto não impede as mudanças e diferenças interessantes. A própria repetição causa desgaste, transformando a volubilidade, de prerrogativa que era no início, em destino inexorável. Também os contextos criam variedade. A primeira fase da vida de Brás, até a viagem de estudos à Europa, se passa num universo de prestígios *Ancien Régime*, onde o desejo de supremacias tem algo de conformismo ingênuo, venerador de autoridade, riqueza e religião, sem prejuízo de as atropelar. Nas fases subsequentes, o mesmo apetite envergará a roupa moderna da sociedade liberal, com o seu sentimento da cidadania, do Direito, política parlamentar, atividade científica, filosofia social etc. O resultado é mais grotesco e menos inocente, já que a adoção entusiasta do novo figurino, tão subalterna e acrítica quanto a outra, agora acarreta contradições morais e ideológicas, e um obrigatório acréscimo de cinismo. O contraste das épocas decorre da composição e constitui uma historicização tácita e muito tangível, um fato formal — se é possível dizer assim — que convida à reflexão. Na mesma ordem de mudanças configuradas e não glosadas, está o progressivo amalucamento de Brás Cubas, a partir da viagem e do afastamento de Virgília. Também aqui, dependendo do ângulo, nada de novo ocorre, pois o mecanismo da compensação imaginária permanece igual, quer se trate de um adultério invejável, de uma cadeira de deputado, da chave filosófica do universo ou de um retrato a óleo pendurado na sacristia de uma Ordem Terceira. Os resultados contudo diferem, e o longo período de plenitude amorosa entre Virgília e Brás, embora repleto das transações disparatadas da autoestima, é não obstante de relativo equilíbrio pessoal. A realidade do apego e as exigências do adultério impõem uma certa disciplina e razão à vida, que em seguida desaparecem, quando então os prestígios exteriores tomam conta. Exteriores no caso são a Filosofia, a Política, o Jornalismo, a Filantropia, a Ciência, o que não deixa de surpreender, salvo se recordarmos que no campo de gravitação da volubilidade, representativo da vida espiritual do país, estas atividades perdem a regra específica e passam a funcionar como um prestígio vazio, duplamente vazio dada a sua pretensão à substância. É como se a evolução do romance dissesse que, na ausência do amor e da família, a inevitável busca de supremacias imaginárias transforma os nossos pró-homens em basbaques e objeto de basbaques, privados de continuidade interior. Donde o curioso caráter quase popular de Brás Cubas em sua fase final, pós-amorosa, quando a vida passa a lhe vir toda de fora, e o deslumbramento com as várias modalidades de exposição pública vai se assemelhando à busca de distração que leva os desocupados da rua a acompanharem paradas militares ou frequentarem sessões do parlamento. Um último exemplo de indicação implicada no arranjo de conjunto: o leitor terá notado que boa parte das personagens, passado o tempo, faz uma curta reaparição. Perto do final a boa Eugênia estará pedindo esmola num cortiço, Dona Plácida morre na miséria, a linda Marcela no hospital, Quincas Borba volta à pobreza, o ex-escravo Prudêncio tornou-se senhor de um escravo por sua vez, no qual desconta as pancadas que tomara de Brás, Virgília tem a compostura das reputações imaculadas e Cotrim está um negocista cada vez mais próspero. Não falta mobilidade às figuras, mas o todo não revela tendência, sendo embora moralmente conclusivo, o que constitui o seu resultado mais intolerável.

O depoimento da forma total diz respeito a um arranjo das coisas coletivas, à sua existência no tempo, a seu andamento, direção, caráter problemático etc. Ao passo que as cabriolas de primeiro plano, com ciclo breve e motivo cristalino (mesmo quando oculto), trazem a conclusão em si mesmas, ou vão além, mas para reconfirmar o dispositivo universal do psiquismo. Os objetos visados num e noutro caso não pertencem à mesma esfera. As instruções de leitura emitidas pela prosa narrativa como que discrepam, apelando a formas de receptividade díspares, o que do ponto de vista estético não deixa de ser um transtorno. Trata-se ora de emprestar a imaginação ao reconhecimento e à sondagem de uma forma de historicidade, ora de solucionar um quebra-cabeças sem transcendência, cujas peças estão todas sobre a mesa. Sirva de exemplo a difícil adivinha do capítulo LXXI: "Folhas misérrimas do meu cipreste, heis de cair, como quaisquer outras belas e vistosas". A tirada está a pequena distância de um parágrafo especialmente maldoso a respeito de Dona Plácida, e possivelmente deva indicar que nem mesmo os cínicos são eternos. Entretanto, pouco adiante o narrador observa que nas linhas anteriores figura "uma frase muito parecida com despropósito", ficando o leitor desafiado a encontrá-la. De fato, se nos dermos ao trabalho de voltar, lembraremos — com um sorriso amarelo — que o cipreste não perde o verde no inverno, além de não ter folhas, mas agulhas. Com resultado energicamente crítico, a charada desprestigiou a consolação melancólica, segundo a qual também a baixeza dos ricos acaba — "heis de cair" — e fez pensar que considerações desse tipo poderiam não passar de "despropósito". Contudo, apesar do efeito interessante, é preciso conceder que esta perspectiva, sugerida pelo sistema das relações sociais e das alterações que este imprime ao sentido de proposições genéricas, não se impõe de imediato. A esperteza da charada, o desafio ao leitor e o insulto a Dona Plácida agrupam-se muito mais facilmente entre as instâncias universalistas da busca de autoelevação através do rebaixamento alheio. Digamos que as artimanhas do narrador só se apreciam ao preço de muita vigilância detalhista, a qual bloqueia a atitude mais aberta e meditativa requerida para a compreensão do movimento global — e inversamente. A desfuncionalidade desta compleição prejudica tanto um como outro prisma, com desvantagem para o mais complexo. O humorismo de todos os instantes acomoda o leitor num riso sem novidades, de raio curto, e lhe fecha os olhos para os ritmos amplos, que dinamizam a relação entre parte e todo, desdizem as fórmulas fixas e fazem aparecer nos lances de espírito um mordente de qualidade superior, que a primeira leitura não registra. O acesso a este dinamismo depende de reação à mesmice da outra perspectiva, de distanciamento na relação com o narrador, e, paradoxalmente, de atenção acrescida ao pormenor, às diferenças e mudanças ocultadas ou evidenciadas pela insistência de Brás Cubas no sempre igual.

Digamos enfim que Machado não inventou a técnica do narrador volúvel, de que entretanto se apropriou com discernimento propriamente genial, a que se prende a complexidade dos romances da segunda fase. Uma intuição decisiva lhe disse que o humorismo autocomplacente de Sterne se podia adaptar ao universo da dominação de classe brasileira, que ficava transposto de maneira elegante, impiedosa, rica em referências cardeais. A predileção inglesa pelos caracteres peculiares e pelo *whim*, ligada à eclosão da cultura democrática naquele país,[42] serviria para

---

[42] Ian Watt, "Introduction", em Laurence Sterne, *The life and opinions of Tristram Shandy, Gentleman*, Boston, Riverside Edition, 1965, p. XV.

Questões de forma

expressar a posição excêntrica — se é possível dizer assim — de nossa elite, vinculada ao padrão burguês moderno, mas em divergência escandalosa com ele no plano das relações sociológicas. Na Europa a valorização literária do capricho estivera ligada às Luzes e à luta "pela autonomia e atividade espontânea dos sentimentos".[43] Trazida para cá ela permitiu o *close up* de uma liberdade nada esclarecida, mas cotidiana e crucial no país, aquela em que um indivíduo, sobretudo de classe alta, arbitrariamente decide se vai considerar o próximo em termos de igualdade civil ou segundo a gama de relações legadas pela Colônia, ou ainda uma coisa sob as aparências da outra. Graças a esta realocação histórica, a volubilidade e as suas muitas virtualidades formais passam a render no plano realista, da maneira implícita que vimos.[43a] Em perspectiva análoga, lembremos que Machado apurava a dimensão quantitativa e contábil dos movimentos da consciência, cuja inquietação se governa pelos requisitos do prazer e da fuga ao desprazer, mesmo que para isso tenha que abandonar o mundo real pela compensação imaginária. Adotadas como célula elementar da prosa narrativa, bem como da conduta das personagens, estas transações compensatórias incorporam ao romance uma reflexão psicológica de ponta, com afinidade científica, em discrepância pronunciada com as apreciações religiosa ou moral da vida interior. Ocorre que, na ausência destas últimas, o paternalismo perde toda e qualquer justificativa aceitável, ficando reduzido ao puro arbítrio dos proprietários. Por outro lado, a hipótese de uma

---

[43] G. Lukács, "Il romanzo como epopea borghese", *Problemi di teoria del romanzo*, Torino, Einaudi, 1976, p. 158.

[43a] Esta redefinição da forma do *Tristram Shandy* no contexto brasileiro do último quartel do século XIX foi bem indicada por José Paulo Paes. Ver "Armadilha de Narciso", em seu *Gregos & baianos*, São Paulo, Brasiliense, 1985, pp. 47-8.

dinâmica estritamente econômica do psiquismo não tem papel só crítico, mas também apologético, pois livra de responsabilidade pelos dependentes — estimada ilusória — os beneficiários da ordem social. De outro ângulo ainda, pela sua parte de inconsistência, a volubilidade a todo momento faculta ao narrador a invocação espirituosa e em grande escala da tradição literária do Ocidente, onde as anedotas, frases e reflexões sobre a imperfeição humana pululam. Resulta uma salada de virtuosismos retóricos, disparates e argumentos de peso, com sabor culto e universal, além de pitorescamente exata quanto ao estilo cultural de nossa elite. Por fim, dispensa comentário a diminuição acarretada pela volubilidade e por suas consequências, em pleno século XIX, para o universo que elas caracterizam. Mas vimos também as vantagens correspondentes, os prazeres regressivos ligados à infração repetida e eternamente impune, sem prejuízo do nada em que desembocam. Sob o signo da volubilidade do narrador estava montado um dispositivo literário onde o estatuto do indivíduo, da lei, o espírito científico, a tradição beletrista e os argumentos filosóficos gravitam fora do eixo consagrado, mas conforme a disciplina de uma formação social. Esta movimentação deslocada faz enxergar de inúmeras maneiras uma posição histórica interior ao concerto das nações modernas, bem como — e sobretudo — uma virtualidade, uma problemática e um dos destinos do mesmo concerto. Páginas atrás sugerimos que Machado havia aprofundado e decantado o programa dos predecessores românticos ao levar a pesquisa do pitoresco para dentro da constituição de seus caracteres e narrador, inventando uma espécie de pitoresco moral, correlativo exato de uma estruturação da sociedade.[44]

---

[44] "O senso machadiano dos sigilos da alma se articula em muitos casos com uma compreensão igualmente profunda das estruturas sociais, que funcio-

Questões de forma

Esqueçamos contudo a literatura brasileira prévia (sem a qual, bem entendido, estas configurações não se poderiam formar), e adotemos a ótica de uma história geral do romance. Em lugar da sátira ao tipo local, à sua incongruente pretensão ao figurino burguês moderno, veremos surgir a elasticidade com que este mesmo figurino confere distinção, permite dar prosseguimento e se associa aos descalabros exóticos de que em princípio ele seria a crítica. Vêm ao primeiro plano *o formalismo da civilização burguesa*, a sua disponibilidade para os papéis mais extravagantes. Noutras palavras, a parcimônia machadiana no uso da cor local, que a crítica às vezes assinala como um avanço em direção dos problemas do Homem sem mais, é um passo da pitoresquização, ou melhor, da relativização do próprio universalismo burguês, cujas altas presunções contemporâneas tinham aqui — e nos demais países da periferia do Capital — uma de suas horas da verdade.

Numa carta célebre, de que o dogmatismo tampouco está ausente, Marx reivindicaria entre as suas contribuições à ciência a demonstração do caráter *histórico* da civilização do Capital, que não será eterna — como então se queria — nem expressa a natureza do homem, e muito menos a resume.[45] De maneira indireta mas certeira, concentrando o foco nos limiares externos e internos da ordem burguesa, a literatura avançada da segunda metade do século XIX se empenhou em evidenciar esta mesma relatividade e usurpação. Uma vanguarda que ainda não deixou de ser atual e de que faz parte Machado de Assis.

---

nam em sua obra com [...] imanência poderosa [...]." Antonio Candido, "Esquema de Machado de Assis", *in Vários escritos*, pp. 37-8.
[45] Carta a J. Weydemeyer, de 5/3/1852.

MEMORIAS POSTHUMAS

DE

BRAZ CUBAS

POR

MACHADO DE ASSIS

RIO DE JANEIRO
TYPOGRAPHIA NACIONAL
1881

Frontispício da primeira edição de *Memórias póstumas de Brás Cubas*, de Machado de Assis, publicada em 1881 no Rio de Janeiro.

II.
Acumulação literária e nação periférica

"[...] o aparecimento do *Brás Cubas* modificou a ordem estabelecida: as posições de José de Alencar, de Manuel Antônio de Almeida, de Taunay, de Macedo — até então os grandes nomes da nossa ficção — tiveram que ser sensivelmente alteradas."

Lúcia Miguel-Pereira,
Prosa de ficção

"Se voltarmos porém as vistas para Machado de Assis, veremos que esse mestre admirável se embebeu meticulosamente da obra dos predecessores. A sua linha evolutiva mostra o escritor altamente consciente, que compreendeu o que havia de certo, de definitivo, na orientação de Macedo para a descrição de costumes, no realismo sadio e colorido de Manuel Antônio, na vocação analítica de José de Alencar. Ele pressupõe a existência dos predecessores, e esta é uma das razões da sua grandeza: numa literatura em que, a cada geração, os melhores recomeçam *da capo* e só os medíocres continuam o passado, ele aplicou o seu gênio em assimilar, aprofundar, fecundar o legado positivo das experiências anteriores. Este é o segredo da sua independência em relação aos contemporâneos europeus, do seu alheamento às modas literárias de Portugal e França. Esta, a razão de não terem muitos críticos sabido onde classificá-lo."

Antonio Candido,
Formação da literatura brasileira

A descontinuidade entre as *Memórias póstumas* e a literatura apagada da primeira fase machadiana é irrecusável, sob pena de desconhecermos o fato qualitativo, afinal de contas a razão de ser da crítica. Mas há também a continuidade rigorosa, aliás mais difícil de estabelecer. Os dois aspectos foram assinalados ainda em vida do Autor, e desde então se costumam comentar, cada qual por seu lado, no âmbito ilusório da biografia: a crise dos quarenta anos, a doença da vista, o encontro com a morte ou o estalo do gênio explicam a ruptura; ao passo que o amadurecimento pessoal e o esforço constante dão conta do progresso ininterrupto. Levada ao terreno objetivo, da comparação dos romances, a questão muda de figura e os dois pontos de vista deixam de se excluir. Em lugar do percurso de um indivíduo, em particular a sua evolução psicológica ou doutrinária, observamos as alterações mediante as quais uma obra de primeira linha surgiu de um conjunto de narrativas médias e provincianas. Em que termos conceber a diferença? Para situar o interesse da pergunta, digamos que ela manda refletir sobre os aprofundamentos de forma, conteúdo e perspectiva que se mostraram capazes de corrigir a irrelevância de uma parte de nossa cultura, ou de lhe vencer o acanhamento histórico. Tudo estará em especificar o que muda e o que fica, sempre em função de um impasse literário anteriormente constituído e a superar, o qual subjaz à transformação e lhe empresta pertinência e verdade.

A novidade dos romances da segunda fase está no seu narrador. A vários críticos o humor inglês e a inspiração literária sem fronteiras pareceram sugerir, para mal ou para bem, um espaço alheio a balizas nacionais. Nos capítulos anteriores argumentamos em sentido contrário, tratando de salientar o funcionamento realista do universalismo, impregnado de particularidade e atualidade pela refração na estrutura de classes própria ao país. Analogamente, o parentesco entre o autor tão metafísico das *Memó-*

rias e o mundo estreito e edificante dos romances iniciais não salta à vista, mas se pode demonstrar.

Vimos que o procedimento literário de Brás Cubas — a sua volubilidade — consiste em desdizer e descumprir a todo instante as regras que ele próprio acaba de estipular. Ora, com a velocidade a menos, a mesma conduta já figurava nos romances do primeiro período, *sob forma de assunto*. De *Ressurreição* (1872) a *Iaiá Garcia* (1878), as narrativas têm como objeto o estrago causado pela vontade imprevisível e caprichosa de um proprietário. A partir de *A mão e a luva* (1874), a travação de classe do tema vem à frente e o passa a determinar. A questão está encarada do ângulo da moça de muitos méritos, mas pobre e dependente, a quem as decisões arbitrárias de um filho-família ou de uma viúva rica, aparentemente liberais, reservam seja humilhações e desgraças, seja o possível prêmio de uma cooptação. Os aspectos morais esmiuçados pela análise são sobretudo dois, rigorosamente complementares, um em cada polo da relação: a) visto o desequilíbrio de meios entre o proprietário e os seus protegidos, qual a margem de manobra dos segundos, caso não aceitem cometer indignidades ou ser destratados, mas queiram, ainda assim, ter acesso aos bens da vida contemporânea? e b) como não será ignóbil a nossa gente de bem, além de *louca*, se a promiscuidade entre desejo escuso e autoridade social, impeditiva para qualquer espécie de objetividade, decorre estruturalmente da falta de direito dos demais? A perspectiva dos romances é civilizatória, pois cuida de tornar estas relações menos bárbaras para os dependentes, e menos estéreis para os abastados, isto mediante a compreensão esclarecida do interesse dos dois campos, ambos desorientados pelos efeitos da arbitrariedade, o verdadeiro ponto a corrigir.[1]

---

[1] Para uma análise mais pormenorizada, Roberto Schwarz, "O paternalis-

No conjunto, os romances da primeira fase exploram os dilemas do homem livre e pobre numa sociedade escravista, onde os bens têm forma mercantil, os senhores aspiram à civilização contemporânea, a ideologia é romântico-liberal, mas o mercado de trabalho não passa ainda de uma hipótese no horizonte. Se não há como escapar às relações de dependência e favor, ainda conhecendo o seu anacronismo histórico, existiria algum modo de lhes evitar o efeito humilhante e destrutivo? Conduzidos pela autocrítica muito consequente, os progressos de um livro a outro são notáveis. O período culmina em *Iaiá Garcia*. Aqui o sistema do liberal-clientelismo está exposto com amplitude, expresso na sua terminologia própria, sustentado por uma galeria de personagens pertinentes e diferenciadas, organizado pelos conflitos práticos e morais que lhe são específicos, e ajudado, enfim, por uma dramaturgia inventada sob medida. O ajustamento à peculiaridade nacional resulta de um vasto trabalho de absorção da empiria, e, não menos importante, do deslocamento e cancelamento dos esquemas românticos, folhetinescos ou liberais, percebidos como ilusão. Nesta altura, a quantidade das observações sociais e psicológicas, das reflexões críticas e das soluções formais encontradas já representa uma acumulação realista muito respeitável — neutralizada, apesar de tudo, pelo enquadramento conformista.

Na sua versão mais complexa, carregada de ressonância moral, ideológica e estética, o impasse fixado em *Iaiá Garcia* se prende à exigência de dignidade dos dependentes. Estes já não querem dever favores a ninguém, pois "a sua taça de gratidão estava

---

mo e a sua racionalização nos primeiros romances de Machado de Assis", *in Ao vencedor as batatas*, São Paulo, Duas Cidades, 1977 (5ª edição, Duas Cidades/Editora 34, São Paulo, 2000).

cheia".[2] Nem por isso deixam de prestar e receber obséquios, uma vez que o seu espaço social não lhes faculta outro modo de sobreviver. Contudo, desincumbem-se de sua parte a frio, sem envolvimento pessoal, buscando inibir o jogo de simpatia e reciprocidade, e também de endividamento, inseparável da prática do favor. Esta atitude cerceadora de si e dos outros não se deve tomar apenas como psicologia, pois representa o resultado de uma experiência de classe, uma espécie de heroísmo na renúncia, refletido e peculiar, adequado à circunstância histórica. A frieza paradoxalmente responde à hipótese mais favorável ao dependente, aquela em que, embora desamparado de qualquer direito, ele seria tratado como igual — porque a parte mais afortunada quis assim. Condicionada por um inaceitável ingrediente de capricho, esta hipótese feliz constituiria o obséquio maior de todos, e por isso mesmo a maior indecência e humilhação. *A sujeição da dignidade, dos valores românticos e liberais à desfaçatez de um proprietário é o pesadelo característico a que a reserva dos pobres deveria pôr um paradeiro, mesmo ao preço de ficar tudo como está.*

 A prosa que não verbaliza com liberdade o conflito exposto na intriga constitui a principal limitação artística de *Iaiá Garcia*. A deficiência não decorre de falta de recursos, mas da restrição ideológica imposta pelo propósito de civilizar sem faltar ao respeito. Por outro lado, a restrição tem fundamento prático na posição dos inferiores, que não dispõem da independência necessária à crítica, o que empresta uma nota situada e realista ao convencionalismo dos termos. Ainda assim, a injustiça das relações como que pressiona o padrão comportado da escrita, cuja insuficiência é objetiva e faz desejar um narrador menos coibido em face dos proprietários. Tanto mais que o romance termi-

---

[2] *Iaiá Garcia*, OC, vol. I, p. 315.

na com a heroína procurando no trabalho assalariado o remédio para a "vida de dependência e servilidade"[3] a que o paternalismo obriga o pobre. Estava alcançada a posição a partir da qual o desplante tranquilo dos abastados se podia encarar sem subserviência, fixado em seu arcaísmo e no vínculo inconfessável com a escravidão. Assim, o último romance da primeira fase trazia inscrito em negativo um outro livro — o seguinte? — onde a superação da dependência pessoal pelo trabalho livre, um avanço histórico, permitiria expor sem rebuços o caráter inaceitável e destrutivo das relações de dominação próprias ao período *anterior*. Sabemos contudo que Machado não escreveu tal obra, e que o caminho do país tampouco seria este.

Passados os anos, é notório que o fim do cativeiro não transformou escravos e dependentes em cidadãos, e que a tônica do processo, pelo contrário, esteve na articulação de modos precários de assalariamento com as antigas relações de propriedade e mando, que entravam para a nova era sem grandes abalos. Nalguma altura anterior às *Memórias* e posterior a *Iaiá*, faltando um decênio para a Abolição, o romancista se terá compenetrado deste movimento decepcionante e capital. O arranjo civilizado das relações entre proprietários e pobres, que estivera no foco do trabalho literário da primeira fase, ficava adiado *sine die*. De agora em diante Machado insistiria nas virtualidades retrógradas da modernização como sendo o traço dominante e grotesco do progresso na sua configuração brasileira. Voltando a *Iaiá Garcia*, o esquema europeu embutido na sua intriga, ligado à dinâmica moralizadora do trabalho livre, estava fora de combate.

Se estivermos certos, este quadro permite apreciar a genialidade da viravolta operada nas *Memórias*. Já não se trata de buscar

---

[3] *Iaiá Garcia*, p. 406.

um freio — irreal — à irresponsabilidade dos ricos, mas de salientá-la, de emprestar latitude total a seu movimento, incontrastado e nem por isso aceitável. O tipo social do proprietário, antes tratado como assunto entre outros e como origem de ultrajes variados, passava agora à posição (fidedigna?) de narrador. Ou, por outra, as condutas reprováveis (mas não reprovadas) do primeiro reapareciam transformadas em procedimento narrativo, onde o vaivém entre arbítrio e discurso esclarecido, causa do mal-estar moral e prático do pobres, se encontrava universalizado, afetando a totalidade da matéria romanesca. Ajustando melhor o foco, digamos que a volubilidade narrativa confere a generalidade da forma e o primeiro plano absoluto ao passo propriamente intolerável dos relacionamentos de favor, aquele em que segundo a conveniência ou veneta do instante a gente de bem se pauta ou não pela norma civilizada, decidindo "entre duas xícaras de chá"[4] sobre a sorte de um dependente. Sai de cena o narrador constrangido dos primeiros romances, cujo decoro obedecia às precauções da posição subalterna, e entra a desenvoltura característica da segunda fase, a "forma livre de um Sterne ou de um Xavier de Maistre",[5] cujo ingrediente de contravenção sistemática reproduz um dado estrutural da situação de nossa elite. No caso há vínculo evidente, embora complicado, entre as questões de forma literária e classe social: o ponto de vista troca de lugar, deixa a posição de baixo e respeitosa pela de cima e senhorial, mas para instruir o processo contra esta última. Noutros termos, Machado se apropriava da figura do adversário de classe, para deixá-lo mal, documentando com exemplos na primeira pessoa do sin-

---

[4] *Iaiá Garcia*, p. 402.

[5] *MPBC*, p. 109.

gular as mais graves acusações que os dependentes lhe pudessem fazer, seja do ângulo tradicional da obrigação paternalista, seja do ângulo moderno da norma burguesa. Depois do proprietário visto da perspectiva ressabiada do dependente, temos o dependente visto da perspectiva escarninha do proprietário, *que se dá em espetáculo*.[6] Em âmbito biográfico, talvez se pudesse imaginar que Machado havia completado a sua ascensão social, mas não alimentava ilusões a respeito, nem esquecia os vexames da situação anterior. Esta reorganização do universo literário é profunda e carregada de consequências, das quais veremos algumas.

A volubilidade narrativa torna rotineira a ambiguidade ideológico-moral dos proprietários, diferentemente dos romances iniciais, onde esta tivera estatuto de momento excepcional e revelação, com lugar crucial na progressão dramática. A reversibilidade metódica entre as posturas normativa e transgressiva agora veio a ser a ambiência geral da vida. Ficam inviabilizados os desdobramentos contraditórios longos, dotados de travejamento ideológico e crise objetiva, próprios ao Realismo europeu, substituídos por um movimento global *sui generis*, com fundamento histórico não menor: em lugar da dialética, o desgaste das vontades. A normalização literária de um dado estrutural da sociedade brasileira não significava entretanto justificação. Pelo contrário, o caráter insustentável da volubilidade ressalta a todo instante, ao passo que nos romances anteriores, por prudência, ele não fora frisado. Estes últimos queriam remediá-lo, enquanto nas *Memórias*, onde não há saída à vista, o objetivo é enxergá-lo na sua extensão e na envergadura dos danos causados.

---

[6] Alfredo Bosi refere-se ao "tom pseudoconformista, na verdade escarninho, com que [o narrador] discorre sobre a normalidade burguesa". Em "A máscara e a fenda", A. Bosi *et al.*, *Machado de Assis*, São Paulo, Ática, 1982, p. 457.

Em que consiste a reserva autoimposta do narrador dos romances iniciais? No que toca à relação entre proprietários e dependentes, o comedimento está em não glosar com verve os prolongamentos mais perversos da dominação pessoal direta; e no que toca ao significado contemporâneo daquela relação, em não expor a gente de bem ao critério burguês que a condenaria. Contudo, ao esquivar o ponto de vista moderno em deferência aos abastados, cuja dignidade, muito sublinhada, parece independer dos abusos que praticam, Machado plantava o seu romance em terreno apologético e provinciano: construía um espaço à parte, a salvo do julgamento da atualidade, este último como que localmente desativado. Ora, o narrador volúvel põe fim à segregação protetora. Ao faltar com estardalhaço às regras de equidade e razão, ele as reconhece e torna efetivas, patenteando em toda linha, enquanto dado presente, a discrepância entre as nossas formas sociais e o padrão da civilização burguesa.

Do mesmo modo, os romances da primeira fase têm pouco espaço para as manifestações mais espetaculares da nova era, tais como a política parlamentar, o cultivo da ciência, a empresa capitalista, a filosofia da evolução, o progresso material. A quase ausência não decorre de desinteresse, mas da evidência do caráter precário destas atividades no país, difíceis de conciliar sem ridículo com as formas de dominação vigentes. Por outro lado, não podiam também faltar completamente, uma vez que eram indispensáveis à verossimilhança oitocentista e à presunção civilizada da gente fina. Com o tino realista necessário à idealização, Machado tratava o interesse pelas matemáticas, pelos versos, pela construção de pontes, pela pesquisa histórica ou pela Câmara de Deputados como simples complementos da elegância senhorial. A posição secundária dos índices de modernidade permitia passar por alto o aspecto atrasado de nossos adiantados, embora ao preço de certa nota de irrelevância e falta de atualidade gerais, que matam estes romances no conjunto. A partir das *Memórias*, entretanto, quando a dignidade dos senhores vem à berlinda e deixa de ser tabu, haverá inversão de sinais e também de proporções. Conforme tivemos ocasião de ver, as novidades da civilização burguesa agora ocupam a cena. Aí estão em primeiro plano filosofias recentes, teorias científicas, invenções farmacêuticas, projetos de colonização e vias férreas, bem como o liberalismo, o parlamento, a imprensa política etc., ainda que sempre desfigurados pela subordinação a uma certa desfaçatez de classe, a qual é a verdade crítica da dignidade proprietária pretendida nos romances do primeiro período. *A desprovincianização literária ocorre em grande escala, seja degradando a figura das relações sociais locais, confrontadas ou expostas à norma e ao progresso da civilização burguesa, nunca sem vexame, seja desmoralizando a reputação incondicional destes mesmos progressos e normas, levados, no contexto, a desempenhar papéis deslocados e contrários ao seu conceito.*

As liberdades narrativas peculiares à segunda fase começam sob o signo de Sterne, conforme a conhecida indicação de Machado. Observe-se contudo que na ocasião a prosa borboleteante era velha conhecida não só do romancista, como de muitos outros literatos brasileiros, que a praticavam nos folhetins semanais da imprensa, imitando modelos franceses.[7] A miscelânea de crô-

---

[7] "O folhetinista é originário da França, onde nasceu, e onde vive a seu gosto, como em cama no inverno. De lá espalhou-se pelo mundo, ou pelo menos por onde maiores proporções tomava o grande veículo do espírito moderno; falo do jornal./ [...] o folhetim nasceu do jornal, o folhetinista por consequência do jornalista. Esta íntima afinidade é que desenha as saliências fisionômicas na moderna criação./ O folhetinista é a fusão admirável do útil e do fútil, o parto curioso e singular do sério, consorciado com o frívolo. Estes dois elementos, arredados como

nica parlamentar, resenha de espetáculos, notícia de livros, coluna mundana e anedotas variadas, com intuito de recreio, compunha um gênero bem estabelecido — e de estatuto "pouco sério". Devido talvez a esta conotação duvidosa, várias de suas propriedades formais acabaram entrando para a feição do novo período machadiano, por razões que veremos.

A notação política, por exemplo, solicitava o registro conciso das posições, mais apimentado quando estas se mostram absurdas, risíveis, deletérias etc. Por sua vez, a disparidade tão *moderna* dos problemas surgidos no âmbito do parlamento, paralela à indiferença recíproca e à incongruência de matérias procedentes do mundo inteiro, acomodadas ao acaso numa página de jornal, ou no espaço de uma crônica, incitava ao ponto de vista de Sirius. A disposição sumária sobre os diferentes assuntos, o grande número deles, a passagem inevitavelmente arbitrária de um a outro, introduziam o elemento de bazar e capricho. Expressivo da situação aleatória e spleenética do indivíduo contemporâneo, este mesmo capricho se prestava à poetização, e também ao papel de chamariz, atendendo à necessidade comercial de prender o leitor. Com efeito, na ambiência imaginária originada pela imprensa e intensificada no folhetim, o público era induzido a se comportar como consumidor na escala do planeta. E o folhetinista, explorando como atrativos a variedade, a novidade, a vivacidade, o preço, o exclusivismo etc., transpunha para a técnica da prosa os mandamentos práticos da mercadoria.

---

polos, heterogêneos como água e fogo, casam-se perfeitamente na organização do novo animal." Machado de Assis, "O folhetinista" (1859), *OC*, vol. III, p. 968. O tema está exposto de maneira ampla e documentada em Marlyse Meyer, "Voláteis e versáteis, de variedades e folhetins se fez a chrônica", xerox, 1987 (incluído em *Folhetim: uma história*, São Paulo, Companhia das Letras, 1996).

A lista de traços comuns à crônica hebdomadária e às *Memórias póstumas* pode ser encompridada à vontade. Com funções diversas, o amálgama de atualismo e futilidade está presente nos dois casos. Entretanto, se desde a juventude Machado dominava esta técnica, à qual se prende, como vimos, a superioridade da "segunda maneira", por que só agora ele a trazia para a esfera do romance? A questão é interessante, pois leva a especificar de maneira imprevista os passos de um indiscutível *progresso literário*. Nos anos setenta, quando escrevia os seus quatro romances fracos, quase privados de atmosfera contemporânea, Machado já era forte nas piruetas petulantes e cosmopolitas do folhetim semanal. O que faltava, para completar a configuração artística da maturidade, não era portanto o procedimento narrativo. A viravolta pendente, que permitiria incorporar à elaboração romanesca uma técnica disponível e comum a muitos, era de ordem ideológica. De modo genérico, pode-se imaginar que a literatura de jornal, *frívola e algo cínica*, parecesse incompatível com ambições artísticas sérias. Mais decisivamente, aqueles *defeitos* representavam o oposto da *fidelidade* e *retidão* que seria preciso quase exigir dos proprietários, como única segurança para o desamparo dos dependentes. Assim, a saída histórica buscada nos romances da primeira fase supunha lealdades morais e compromisso com a promoção social dos pobres, sobretudo os mais dotados, lealdade e compromisso que deveriam primar sem mistura sobre a definição *burguesa* do interesse, à qual no entanto os proprietários não podiam também deixar de estar submetidos. Quando percebe o infundado daquela expectativa, Machado se capacita da pertinência literária das modalidades de rebaixamento a que o folhetim emprestava o brilho, e as transforma em ambiente espiritual. Os novos tipos de consumo e propriedade, em face dos quais o dependente pobre, pela força das coisas, se encontra desvalido, saem da sombra e passam a dar a nota. Sob o patrocínio prestigioso de Sterne, e também das condutas antissociais cultivadas e estetizadas na prosa de folhetim, a volubilidade narrativa irmana e faz alternarem os arrancos da impunidade patriarcal e o pouco-se-me-dá do proprietário moderno, o arbítrio da velha oligarquia escravista e a irresponsabilidade da nova forma de riqueza. Reencenava e apontava à execração dos bons entendedores a ambiguidade característica da classe dominante brasileira.[8]

Assim, o princípio formal desenvolvido nas *Memórias* soluciona e ergue a novo patamar os impasses apurados no romance machadiano da primeira fase. A dialética de conteúdo, experiência social e forma é rigorosa, com ganho verdadeiramente imenso em qualidade artística, justeza histórica, profundidade e amplitude de visão. Para apreciar o alcance deste processo, cujas faces crítica e cumulativa dependem uma da outra, convém tomar distância.

Do ponto de vista da evolução literária local, a estreiteza dos romances do primeiro período não constituiu apenas um defeito, como as nossas observações poderiam fazer crer. Noutra parte mostramos que estas obras respondiam com discernimento a certa falha do realismo praticado por Alencar, à qual escapavam, ainda que ao preço de engendrar deficiências de outra ordem, talvez menos simpáticas. Com efeito, estudando *Senhora* pudemos constatar um verdadeiro sistema de desajustes ideológicos e estéticos. Se não erramos, este decorre da adoção acrítica de uma fórmula da ficção realista europeia, ligada à concepção romântica e liberal do indivíduo, pouco própria, por isto, para refletir a lógica das relações paternalistas. A conjunção inocente de matéria local e forma europeia nova atendia ao desejo de atualidade dos leitores

---

[8] A crônica de jornal como lugar de encontro entre modernização e tradição foi estudada por Davi Arrigucci Jr., "Fragmentos sobre a crônica", *in Enigma e comentário*, São Paulo, Companhia das Letras, 1987.

mais informados, mas desconhecia a química própria a esta mistura. Em consequência, as notações sociais, ou seja, a sociedade efetivamente observada, pouco interagem com a linha mestra da intriga, permanecendo estranhas uma à outra, o que não as impede, no plano geral da composição, de se desacreditarem reciprocamente. Resulta um universo literário fraturado, onde as reivindicações românticas — a mola da fábula — têm sempre algo de afetação risível, postiça e *importada*.[9] Assim, quando o primeiro Machado recuava do terreno dito contemporâneo e praticamente excluía de seus romances o discurso das liberdades individuais e do direito à autorrealização, discurso novo e crítico, ele estava fugindo à posição falseada em que se encontravam a ideologia liberal e as ostentações de progresso nas condições brasileiras. Uma vez firmado, este mesmo discernimento lhe permitirá, a partir das *Memórias*, reintroduzir em massa as presunções de modernidade, só que agora explicitamente marcadas de diminuição e deslocamento, como convinha à circunstância, solucionando o problema artístico armado na ficção urbana de Alencar e evitado, ao preço do confinamento à esfera da dominação intrafamiliar, em seus próprios trabalhos da primeira fase.

Por sua vez, sem prejuízo da ingenuidade, o realismo alencarino dos "perfis de mulher" se pode ver como resposta refletida a romances anteriores de Joaquim Manuel de Macedo, em relação aos quais progredia. Como termo de comparação, sirva de exemplo o capítulo IV de *O moço loiro* (1845), onde duas formosas sinhazinhas estão postadas à janela de uma chácara, contemplando a lua e o mar. Dissertam sobre os horrores da situação de herdeira: como poderiam crer nas declarações de amor

---

[9] Roberto Schwarz, "A importação do romance e suas contradições em Alencar", *in Ao vencedor as batatas*.

dos pretendentes, se inevitavelmente estas serão devidas ao dinheiro dos pais e a outros pensamentos ainda mais cínicos? O autor de *A moreninha* fixara a ressonância poética, maior do que parece, da conjunção de ambiente patriarcal, paisagem fluminense e chavões ultrarromânticos, bem aproveitada pelo seu sucessor. A graça da cena está na artificialidade das ideias, gritante ainda em se tratando de mocinhas com "o dobro da instrução que soem ter nossas patrícias".[10] A função dos discursos desiludidos das meninas não é crítica, mas lisonjeira, ou, por outra, não é desenvolver as grandes linhas da situação em que se encaixam, mas lhe atestar o vínculo com a civilização contemporânea. Com menos complacência, ou complacência de outra ordem, a mesma atmosfera e um assunto comparável foram expostos em *Senhora*, onde se desdobram as etapas da compra e ulterior redenção de um marido. O leitor estará lembrado da organização muito estridente do livro, dividido em quatro partes — "O Preço", "Quitação", "Posse" e "Resgate" — conforme a terminologia das transações comerciais. Assim, Alencar trazia o rigor analítico (um tanto disparatado) e a seriedade da indignação moral (também um pouco fora de foco) ao universo sobretudo faceiro e amigo de novidades de seu predecessor. Nem por isto a razão e a dignidade muito enfáticas deixavam por seu turno de ser faceirices, provas de adiantamento e europeísmo antes que esforços efetivos de lucidez — repetindo, em nível mais elaborado, a constelação a superar. Os funcionamentos especiosos da vibração moralista e da verve analítica, enfeiadas pelo fundo de elitismo, funcionamentos tão incômodos em Alencar, adiante formariam entre os grandes achados críticos das *Memórias*, de cuja matéria literária

---

[10] Joaquim Manuel de Macedo, *O moço loiro*, s.l., Ediouro, s.d., p. 33.

fazem parte sistemática. Ao lhes sublinhar o motivo imediatista e compensatório, em desacordo com a gesticulação ilustrada, Machado reconstituía em novo plano, eletrizado pelo discernimento moral e pelo empenho da inteligência, ambos girando em falso, a inconsequência amena que movimenta a prosa de Macedo.

Uma corrente de comicidade muito mais franca e popular é formada por França Júnior, Manuel Antônio de Almeida e Martins Pena. O traço distintivo está na sem-cerimônia extraordinária com que são tratadas ou desconhecidas as ideias capitais da burguesia oitocentista. Os autores dão de barato a posição precária da normatividade nova no país, e aliás enxergam aí um elemento alegre, de desafogo. Veja-se, no caso dos *Folhetins* de França Júnior, a promiscuidade pitoresca entre as presunções europeístas e as realidades de escravidão, clientelismo e antiga família patriarcal, promiscuidade que já é a mesma de Machado de Assis, descontada a consciência crítica.

No *Inglês maquinista*, de Martins Pena, anterior ainda à cessação do tráfico, tudo está na deliberada falta de decoro das combinações temáticas. Assim, os três pretendentes de Mariquinha são um primo pobre, honesto e patriota, um contrabandista de africanos, com barba até dentro dos olhos, e um *english* vigarista, tão desonesto como o outro; a mãe da moça bate em negros para desafogar o peito, faz vestidos de seda com as modistas francesas, de chita com a Merenciana, é mestra em usar empenhos para se apropriar de escravos da Casa de Correção, e naturalmente prefere os namorados com dinheiro. E embora não pairem dúvidas no que respeita ao bem e ao mal, o primeiro não goza de tratamento literário distinto, convivendo em igualdade de condições e dentro de toda intimidade com a barbárie e contravenções de toda ordem. Esta equanimidade, embutida no andamento lépido, se poderia atribuir ao gênero farsesco, o que no entanto seria desconhecer o senso histórico do Autor. Digamos então que o clima de farsa permitia fixar artisticamente algumas das constelações escandalosas da normalidade nacional.[11] A solução encontrada por Manuel Antônio de Almeida nas *Memórias de um sargento de milícias* é menos palpável, mas aparentada. Antonio Candido assinalou o convívio de bonomia e cinismo em sua prosa, cujo balanço abre espaço para os dois lados de todas as questões, encaradas ora do ângulo da ordem social, ora do ângulo da transgressão. Daí uma certa suspensão do juízo moral, e também da ótica de classe, em contraste benfazejo com a entonação *crítica* desenvolvida pelos românticos, sobretudo por Alencar, impregnada de indignação um pouco farisaica e presunções de superioridade pessoal. Antonio Candido nota ainda a ressonância "brandamente fabulosa" daquele ritmo, que sugere um mítico "mundo sem culpa", "um universo que parece liberto do peso do erro e do pecado".[12] Para ligar ao nosso esquema estas observações — em que nos inspiramos largamente — acrescentemos que a narrativa se passa num Antigo Regime meio fantasioso, contrastante com a nossa época *normalizada*. "Era no tempo do rei", quando os meirinhos e demais funcionários se vestiam e conduziam de acordo com a majestade de seu cargo, não como os de hoje, que "nada têm de imponentes, nem no seu semblante nem no seu trajar".[13] É claro que o encanto dos outros tempos não decorre só da vestimenta e dos costumes coloridos, mas sobretudo da ausência tangível do sentido moral moderno, a qual, para os súditos deste último, adquire conota-

---

[11] Ver a respeito as numerosas observações de Vilma Arêas, *Na tapera de Santa Cruz*, São Paulo, Martins Fontes, 1987.

[12] Antonio Candido, "Dialética da malandragem", edição citada, pp. 47-54.

[13] Manuel Antônio de Almeida, *Memórias de um sargento de milícias*, Rio de Janeiro, Instituto Nacional do Livro, 1962, pp. 7-8.

ção utópica. Assim, não deixa de haver tensão entre a consciência moral, de que a condução da prosa tacitamente tem e dá notícia, ainda que apenas para a passar por alto, e o mundo de arranjos pessoais, propiciado pelo clientelismo. A comicidade sutilmente moderna do livro depende deste distanciamento.

Digamos então que, sem prejuízo da acentuação diversa, as vertentes que indicamos exploram e desdobram uma mesma problemática, de origem extraliterária, proposta pelas grandes linhas da realidade nacional e de sua inserção no mundo contemporâneo. A matriz prática se havia formado com a Independência, quando se articularam perversamente as finalidades de um estado moderno, ligado ao progresso mundial, e a permanência da estrutura social engendrada na Colônia. Entre esta configuração e a das nações capitalistas adiantadas havia uma diferença de fundo. Inscrita no quadro da nova divisão internacional do trabalho, e do correspondente sistema de prestígios, a diferença adquiria sinal negativo: significava atraso, particularidade pitoresca, alheamento das questões novas, atolamento em problemas sem relevância contemporânea. Enredados nesta trama, alienante em sentido próprio, caberia ao trabalho artístico e à reflexão histórico-social desfazer a compartimentação e descobrir, ou construir, a atualidade universal de imensos blocos de experiência coletiva, estigmatizados e anulados como periféricos.

Recapitulando, o nosso percurso tem como ponto de partida a polarização *sui generis* e desconcertante a que a vida nacional submetia um conjunto de categorias pertencentes à experiência moderna. A peculiaridade social terá sido notada e refletida de inúmeras maneiras, desde as cotidianas, que ficaram sem registro, até as conservadas em jornal ou livro. No campo artístico, alinhada com os modos de reação mais imediata e popular, observamos uma pequena tradição de literatura cômica, despretensiosa mas de irreverência notável. Orientados pelo senso romântico da peculiaridade histórica, e cientes da impostura que, nas circunstâncias locais, aderia ao modelo de personalidade próprio ao mesmo Romantismo, estes escritores tratam sem deferência o ponto de vista e os costumes ditos *adiantados*, e sobretudo não lhes conferem privilégio sobre o dia a dia pouco prestigioso e não burguês do Rio de Janeiro. A relevância crítica deste humorismo, o seu vínculo com a Colônia bem como o seu prolongamento moderno em *Macunaíma* e no *Serafim Ponte Grande* foram assinalados por Antonio Candido.[14] Em contraste, a linha Macedo-Alencar adaptava à boa sociedade fluminense as complicações da aspiração subjetiva, do foro íntimo, do sentimento liberal, ou, mais geralmente, da individualidade que se quer autônoma — donde os desencontros que já estudamos e que, nos romances da sua primeira fase, Machado trataria de abafar. Nas *Memórias póstumas*, por fim, o movimento alcança uma síntese superior, que lhe recupera os momentos ruins e bons, e os transforma em acertos máximos. A interioridade funciona a todo vapor, cheia de desvãos e revelações, mas despegada do chique, da superioridade e do potencial reformista que em graus diferentes Macedo e Alencar lhe tinham atribuído. Tratado como caixa de compensações imaginárias, em sintonia com avanços decisivos na concepção científica do homem, o universo interior não pressiona em direção de progresso algum. Ajusta-se à ciranda viva e sem tendência à autorreforma que a literatura de inspiração popular soube inventar, calcada em dinamismos reais da sociedade brasileira. O ritmo de Martins Pena e Manuel Antônio de Almeida está retomado no *Brás Cubas*, só que agora trazido às alturas alencarinas do sentimento de si mais

---

[14] Antonio Candido, *op. cit.*, p. 53.

exigente e contemporâneo, que o condena enfaticamente e nem por isso deixa de se acumpliciar com ele, passando a integrá-lo e sendo condenado por sua vez.[15]

Assim, a técnica narrativa das *Memórias póstumas* resolvia questões armadas por quarenta anos de ficção nacional e, sobretudo, encontrava movimentos adequados ao destino ideológico-moral implicado na organização da sociedade brasileira. Como se vê, os problemas estéticos têm objetividade, engendrada pela História intra e extra-artística. Ao enfrentá-los, ainda que sob a feição depurada de uma equação formal, o escritor trabalha sobre um substrato que excede a literatura, substrato ao qual as soluções alcançadas devem a força e a felicidade eventuais. As questões de forma não se reduzem a questões de linguagem, ou são questões de linguagem só na medida em que estas últimas vieram a implicar outras do domínio prático. Pelo simples diagrama, a célula elementar do andamento machadiano supõe, em nível de abrangência máxima, uma apreciação da cultura burguesa contemporânea, e outra da situação específica da camada dominante nacional, articuladas na disciplina inexorável e em parte automatizada de um procedimento, a que o significado histórico deste atrito empresta a vibração singular.

A inspiração materialista de nosso trabalho não terá escapado ao leitor. O caminho que tomamos entretanto vai na direção contrária do habitual. Ao invés do artista aprisionado em constrangimentos sociais, a que não pode fugir, mostramos o seu

---

[15] A propósito de um conto de Machado, "O diplomático", Vinicius Dantas estudou as continuidades e diferenças entre a prosa machadiana da maturidade e a comicidade popularesca dos anos 1830 e 40, cultivada na imprensa. "O narrador cronista e o narrador contista", trabalho de aproveitamento, Unicamp, 1984.

esforço metódico e inteligente para captá-los, chegar-se a eles, lhes perceber a implicação e os assimilar como condicionantes da escrita, à qual conferem ossatura e peso *reais*. A prosa disciplinada pela história contemporânea é o ponto de chegada do grande escritor, e não o ponto de partida, este sempre desfibrado, na sociedade moderna, pela contingência e o isolamento do indivíduo. Voltando a Machado de Assis, vimos que a sua fórmula narrativa atende meticulosamente às questões ideológicas e artísticas do Oitocentos brasileiro, ligadas à posição periférica do país. Acertos, impasses, estreitezas, ridículos, dos predecessores e dos contemporâneos, nada se perdeu, tudo se recompôs e transfigurou em elemento de verdade. Por outro lado, longe de representar um confinamento, a formalização das relações de classe locais fornece a base verossímil ao universalismo caricato das *Memórias*, um dos aspectos da sua universalidade efetiva. Os imperativos da volubilidade, com feição nacional e de classe bem definida, imprimem movimento e significado histórico próprios ao repertório ostensivamente antilocalista de formas, referências, tópicos etc., cujo interesse artístico reside nesta mesma deformação. A notável independência e amplitude de Machado no trato literário com a tradição do Ocidente depende da solução justa que ele elaborou para imitar a sua experiência histórica.

Lembremos por fim a nota perplexa que acompanha as intermináveis manobras, ou infrações, do "defunto autor": a norma afrontada vale deveras (sob pena de o atritamento buscado não se produzir), e não deixa contudo de ser a regra dos tolos. Postos em situação, como reagimos? entramos para a escola de baixeza deste movimento, ou nos distanciamos dele, e o transformamos num conteúdo cujo contexto cabe a nós construir? Com perfil realçado mas enigmático, à maneira de Baudelaire e Flaubert, Dostoiévski e Henry James, o procedimento artístico se coloca deliberadamente a descoberto, como parte, ele próprio, do que esteja em questão. Não porque a literatura deva tratar de si mesma, segundo hoje se costuma afirmar, mas porque na arena inaugurada em meados do século XIX, cuja instância última é o antagonismo social, toda representação passava a comportar, pelas implicações de sua forma, um ingrediente político, e a ousadia literária consistia em salientar isso mesmo, agredindo as condições da leitura confiada e passiva, ou melhor, chamando o leitor à vida desperta.[16] Como é sabido, a dívida técnica mais patente das *Memórias* é setecentista, e não será ela o essencial da novidade de um autor do último quartel do século XIX. A imitação fiel da desfaçatez da classe dominante brasileira; o sentido agudo de seu significado contemporâneo e efeito deletério; a incerteza completa quanto a seu prazo no tempo e — ousadia suprema — quanto à superioridade da civilização que lhe servia de modelo inalcançado: a este conjunto complexo, de alta maturidade, deve-se a saliência especificamente moderna da forma machadiana, tão nítida e desnorteante. O método narrativo purgava de complacência patriótica e beletrística (isto quando não funcionasse ao contrário...) o sentimento amável e cediço que a nossa elite tinha de si mesma, o qual se via mudado numa cifra — implacável entre as implacáveis — do destino da civilização burguesa. Ao contrário do que faz supor a voga atual do antirrealismo, a mimese histórica, devidamente instruída de senso crítico, não conduzia ao provincianismo, nem ao nacionalismo, nem ao atraso. E se uma parte de nossos estudiosos imaginou que o mais avançado e universal dos escritores brasileiros

---

[16] "Se não cursaste a retórica/ Do fino professor Satã/ Joga este livro! Não entenderás nada/ E me acreditarias histérico." Charles Baudelaire, "Epígrafe para um livro condenado". Os versos são dirigidos ao "Leitor pacato e bucólico,/ Sóbrio e ingênuo homem de bem".

passava ao largo da iniquidade sistemática mercê da qual o país se inseria na cena contemporânea, terá sido por uma cegueira também ela histórica, parente mais ou menos longínqua da desfaçatez que Machado *imitava*.

Índice onomástico

Adorno, Theodor W., 13, 36, 57, 171, 185
Alencar, José de, 60, 77-9, 85, 95, 97, 221, 233-5, 237, 239
Alencastro, Luiz Felipe de, 36-7, 39-40
Almeida, Manuel Antônio de, 60, 96, 221, 236-7, 239
Andrade, Mário de, 106
Andrade, Oswald de, 106, 204
Araripe Júnior, Tristão de Alencar, 59, 186, 189
Arêas, Vilma, 112, 237
Arendt, Hannah, 37
Aristóteles, 35, 193
Arrigucci Jr., Davi, 233
Auerbach, Erich, 131
Balzac, Honoré de, 65, 168, 183
Barbosa, Rui, 173-4
Baudelaire, Charles, 11-2, 94, 103-4, 179, 184, 190, 241-2
Bénichou, Paul, 160
Benjamin, Walter, 11-3, 177, 190
Bismarck, Otto von, 35
Bopp, Raul, 106
Borgia, Lucrécia, 35
Bosi, Alfredo, 109, 228
Bourget, Paul, 176
Brecht, Bertolt, 13, 122
Breton, André, 189
Bürger, Christa, 185
Bürger, Peter, 185
Candido, Antonio, 13, 28, 35, 45, 90, 106, 188-9, 217, 221, 237, 239
Carvalho, José Murilo de, 38
Cavaignac, General, 178
Chateaubriand, François-René de, 11
Colet, Louise, 183
Cunha, Euclides da, 151
D'Alincourt, Luís, 105
Dantas, Vinicius, 240
Darwin, Charles, 138, 154, 165, 192
Di Cavalcanti, E., 189
Dostoiévski, Fiódor, 180, 241
Drummond de Andrade, Carlos, 108
Dumesnil, René, 181
Duranty, Louis Edmond, 181

245

Eça de Queirós, J. M., 155
Engels, Friedrich, 178
Faoro, Raymundo, 128
Fernandes, Florestan, 38
Flaubert, Gustave, 168, 179-80, 182-4, 241
França Júnior, J. J. da, 236
Franco, Maria Sylvia de Carvalho, 90
Freud, Sigmund, 139, 198
Freyre, Gilberto, 38, 116
Gledson, John, 74, 76, 83
Goethe, J. W., 85, 134
Gregorovius, 193
Hirschman, Albert O., 160
Hobsbawm, Eric J., 37, 124
Hofstadter, Richard, 165
Horkheimer, Max, 138
James, Henry, 11, 179, 241
Kraus, Karl, 139
La Rochefoucauld, 158-9
Lukács, Georg, 13, 65, 177, 215
Macedo, Joaquim Manuel de, 51, 60, 221, 234-6, 239,
Magalhães Júnior, Raimundo, 10
Maistre, Xavier de, 227
Mann, Thomas, 11
Maquiavel, Nicolau, 109
Marquês de Paraná, 74
Martins Pena, Luís Carlos, 60, 112, 236, 239
Marx, Karl, 13, 40, 105, 108, 140, 178, 182, 217
Mattos, Ilmar R. de, 105
Meinecke, Friedrich, 131
Mello e Souza, Gilda de, 10, 106, 189

Merquior, José Guilherme, 20
Meyer, Augusto, 29, 31
Meyer, Marlyse, 231
Miguel-Pereira, Lúcia, 181, 221
Montaigne, M. E. de, 158
Mozart, Wolfgang Amadeus, 122
Nabuco, Joaquim, 89, 121
Nietzsche, Friedrich, 177
Novais, Fernando A., 36, 127
Oehler, Dolf, 12, 104, 177, 179, 182, 190
Oliveira Lima, Manuel de, 43
Paes, José Paulo, 215
Pascal, Blaise, 158-9
Passos, Gilberto Pinheiro, 209
Paulo, São, 90, 209
Pedro I, D., 74-5
Proust, Marcel, 11, 168
Queirós, Eusébio de, 121
Reale, Miguel, 173
Renan, M. Ernest, 176
Rilke, Rainer Maria, 139
Rocha, Hildon, 151
Romero, Sílvio, 151, 153, 188
Sainte-Beuve, Charles Augustin, 168
Salles Gomes, Paulo Emílio, 206
Santiago, Silviano, 83
Santo Agostinho, 193
Sartre, Jean-Paul, 177-8
Schnaiderman, Boris, 180
Schopenhauer, Arthur, 138
Sousa, Octavio Tarquinio de, 75
Souza, Frei Luís de, 174
Spencer, Herbert, 154, 165
Stendhal, 65, 122, 167, 190

Índice onomástico

Sterne, Laurence, 203, 214, 227, 230, 233
Strauss, Richard, 185
Taunay, A. d'Escragnolle, 221
Trotski, Leon, 39
Turguêniev, Ivan S., 115
Vaché, Jacques, 189
Vasconcelos, Bernardo Pereira de, 42-3
Veríssimo, José, 10, 188
Viotti da Costa, Emília, 38
Visconde do Rio Branco, 116
Voltaire, 131
Watt, Ian, 28, 214
Wedekind, Frank, 139
Weininger, Otto, 139
Werneck, L. Peixoto de Lacerda, 89
Weydemeyer, J., 217
Wood, Ellen Meiksins, 39
Zola, Émile, 155-6, 179

Sobre o autor

Roberto Schwarz nasceu em 20 de agosto de 1938, em Viena, na Áustria. Veio para o Brasil aos quatro meses de idade. Em 1960, formou-se em ciências sociais pela Universidade de São Paulo. Três anos mais tarde tornou-se mestre em Teoria Literária e Literatura Comparada pela Universidade de Yale, EUA. Doutorou-se pela Universidade de Paris III, em Estudos Latino-Americanos (Estudos Brasileiros), em 1976. Foi professor de Teoria Literária e Literatura Comparada na USP entre 1963 e 1968, e professor de Teoria Literária na Universidade Estadual de Campinas entre 1978 e 1992. Publicou:

CRÍTICA

A sereia e o desconfiado: ensaios críticos. Rio de Janeiro: Civilização Brasileira, 1965; 2ª edição, Rio de Janeiro: Paz e Terra, 1981.

Ao vencedor as batatas: forma literária e processo social nos inícios do romance brasileiro. São Paulo: Duas Cidades, 1977; 5ª edição, São Paulo: Duas Cidades/Editora 34, 2000; 6ª edição, 2012.

O pai de família e outros estudos. Rio de Janeiro: Paz e Terra, 1978; 2ª edição, 1992; 3ª edição, São Paulo: Companhia das Letras, 2008.

Os pobres na literatura brasileira (organização). São Paulo: Brasiliense, 1983.

Que horas são? (ensaios). São Paulo: Companhia das Letras, 1987; 2ª edição, 1989; 3ª edição, 2008.

Um mestre na periferia do capitalismo: Machado de Assis. São Paulo: Duas Cidades, 1990; 4ª edição, São Paulo: Duas Cidades/Editora 34, 2000; 5ª edição, 2012.

Misplaced Ideas: Essays on Brazilian Culture. Londres: Verso, 1992.

Duas meninas. São Paulo: Companhia das Letras, 1997; 2ª edição, 2006.

Sequências brasileiras: ensaios. São Paulo: Companhia das Letras, 1999.

Cultura e política (antologia). São Paulo: Paz e Terra, 2001.

A Master on the Periphery of Capitalism: Machado de Assis. Durham: Duke University Press, 2001.

Martinha versus Lucrécia: ensaios e entrevistas. São Paulo: Companhia das Letras, 2012.

Two Girls and Other Essays. Londres: Verso, 2013.

As ideias fora do lugar (antologia). São Paulo: Penguin Companhia, 2014.

To the Victor, the Potatoes! Leiden: Brill, 2019 (Historical Materialism Book Series, vol. 206).

Seja como for: entrevistas, retratos e documentos. São Paulo: Duas Cidades/Editora 34, 2019.

Criação

Pássaro na gaveta. São Paulo: Massao Ohno, 1959 (poesia).

Corações veteranos. Rio de Janeiro: Coleção Frenesi, 1974 (poesia).

A lata de lixo da história. Rio de Janeiro: Paz e Terra, 1977 (teatro); 2ª edição, São Paulo: Companhia das Letras, 2014.

Tradução

Males da juventude, de Ferdinand Bruckner. Encenado pelo Teatro Jovem, São Paulo: 1961.

Cartas sobre a educação estética da humanidade, de Friedrich Schiller (introdução e notas de Anatol Rosenfeld). São Paulo: Herder, 1963; 3ª edição, *A educação estética do homem* (introdução, notas e cotradução de Márcio Suzuki). São Paulo: Iluminuras, 1995.

"A ideologia em geral", de Karl Marx, e "Indivíduo e díade", de Georg Simmel, em *Homem e sociedade* (organização de Fernando Henrique Cardoso e Octavio Ianni). São Paulo: Companhia Editora Nacional, 1966.

A vida de Galileu, de Bertolt Brecht. Encenado pelo Teatro Oficina, São Paulo: 1968; São Paulo: Abril, 1977, Coleção Teatro Vivo.

Sobre o autor

A exceção e a regra, de Bertolt Brecht. Encenado pelo TUSP, São Paulo, 1968.

"Ideias para a sociologia da música", de Theodor W. Adorno, *Teoria e prática*, nº 3, 1968.

"Sobre Hegel, imperialismo e estagnação estrutural", de Albert O. Hirschman, *Almanaque*, nº 9, São Paulo, Brasiliense, 1979.

"A moralidade e as ciências sociais", de Albert O. Hirschman, *Novos Estudos CEBRAP*, vol. I, nº 1, São Paulo, dezembro de 1981.

"Duas crônicas norte-americanas", de Ariel Dorfman, *Novos Estudos CEBRAP*, vol. I, nº 3, São Paulo, junho de 1982.

A Santa Joana dos Matadouros, de Bertolt Brecht, *Novos Estudos CEBRAP*, nº 4, São Paulo, 1982 (fragmento). Republicado em *Que horas são?*, *op. cit.*; no *Teatro completo* de Bertolt Brecht, vol. IV, São Paulo: Paz e Terra, 1990 (na íntegra); na Coleção Leitura, São Paulo: Paz e Terra, 1996; e na Coleção Prosa do Mundo, São Paulo: Cosac Naify, 2001.

Sobre a obra de Roberto Schwarz

Sérvulo Augusto Figueira, "Machado de Assis, Roberto Schwarz: psicanalistas brasileiros?", em *Nos bastidores da psicanálise*. Rio de Janeiro: Imago, 1991.

Leandro Konder, "Roberto Schwarz", em *Intelectuais brasileiros e marxismo*. Belo Horizonte: Oficina de Livros, 1991.

Paulo Eduardo Arantes, *Sentimento da dialética na experiência intelectual brasileira: dialética e dualidade segundo Antonio Candido e Roberto Schwarz*. São Paulo: Paz e Terra, 1992.

John Gledson, "Roberto Schwarz: Um mestre na periferia do capitalismo", em *Por um novo Machado de Assis*. São Paulo: Companhia das Letras, 2006.

Um crítico na periferia do capitalismo: reflexões sobre a obra de Roberto Schwarz. Organização de Maria Elisa Cevasco e Milton Ohata. São Paulo: Companhia das Letras, 2007.

Nicholas Brown, "Roberto Schwarz: Mimesis beyond Realism", em Beverley Best, Werner Bonefeld e Chris O'Kane (orgs.), *The Sage Handbook of Frankfurt School Critical Theory*, 3 vols. Los Angeles: Sage, 2018.

Candido, Schwarz & Alvim: a crítica literária dialética no Brasil. Organização de Edvaldo A. Bergamo e Juan Pedro Rojas. São Paulo: Intermeios, 2019.

COLEÇÃO ESPÍRITO CRÍTICO
direção de Augusto Massi

A Coleção Espírito Crítico pretende atuar em duas frentes: publicar obras que constituem nossa melhor tradição ensaística e tornar acessível ao leitor brasileiro um amplo repertório de clássicos da crítica internacional. Embora a literatura atue como vetor, a perspectiva da coleção é dialogar com a história, a sociologia, a antropologia, a filosofia e as ciências políticas.

Roberto Schwarz
Ao vencedor as batatas

João Luiz Lafetá
1930: a crítica e o Modernismo

Davi Arrigucci Jr.
O cacto e as ruínas

Roberto Schwarz
Um mestre na periferia do capitalismo

Georg Lukács
A teoria do romance

Antonio Candido
Os parceiros do Rio Bonito

Walter Benjamin
Reflexões sobre a criança, o brinquedo e a educação

Vinicius Dantas
Bibliografia de Antonio Candido

Antonio Candido
Textos de intervenção

Alfredo Bosi
Céu, inferno

Gilda de Mello e Souza
O tupi e o alaúde

Theodor W. Adorno
Notas de literatura I

Willi Bolle
grandesertão.br

João Luiz Lafetá
A dimensão da noite

Gilda de Mello e Souza
A ideia e o figurado

Erich Auerbach
Ensaios de literatura ocidental

Walter Benjamin
Ensaios reunidos: escritos sobre Goethe

Gilda de Mello e Souza
Exercícios de leitura

José Antonio Pasta
Trabalho de Brecht

Walter Benjamin
Escritos sobre mito e linguagem

Ismail Xavier
Sertão mar

Este livro foi composto
em Adobe Garamond pela
Bracher & Malta, com CTP
e impressão da Edições Loyola
em papel Pólen Soft 80 g/m²
da Cia. Suzano de
Papel e Celulose para a
Duas Cidades/Editora 34,
em julho de 2020.